Ces Provinciaux qui ont fait Paris

Pour Marraine.
Pour la petite Auvergnate et le jeune Gascon.
Pour mon Lyonnais, et mes Parigots.

Ces Provinciaux qui ont fait Paris
est une publication de Sélection du Reader's Digest

Réalisation et production :
ARCHIPEL STUDIO
16, rue Claude-Tillier
75012 Paris

Direction d'ouvrage : Thomas Brisebarre

Documentation : Anne Maureau

Édition : Flora Dumoulin

Mise au point des textes : Emmanuelle Cocud

Fabrication : Margherita Mariano

Sous la direction de l'équipe éditoriale
de Sélection du Reader's Digest

Directeur des éditions livres et magazine : Éric Jouan

Directrice adjointe : Élizabeth Glachant

Responsables de l'ouvrage :
Catherine Lapouille, Bénédicte Robbe

Lecture-correction : Emmanuelle Dunoyer

ISBN : 978-2-7098-1984-8

Achevé d'imprimer : septembre 2008
Dépôt légal en France : octobre 2008
Dépôt légal en Belgique : D-2008-0621-100

Imprimé en Slovénie – *Printed in Slovenia*

Texte de **Nathalie Dargent**
Photographies de **Pierre Hybre**

Ces Provinciaux qui ont fait Paris

Sélection du Reader's Digest

Sommaire

A L'EXPOSITION
du
Commerce et de l'Industrie

AUX GALERIES
AUX GALERIES

***Note de l'éditeur :**
Pour les besoins de ce livre, nous avons découpé la France, exception faite de l'Île-de-France, en cinq grands ensembles qui s'appuient sur les contours de nos régions. Ce découpage a toutefois ses limites car les régions administratives ont parfois été créées aux dépens des aires culturelles.
C'est le cas de l'actuelle région Auvergne, qui ne comprend pas le département de l'Aveyron alors même que les Aveyronnais font partie de la Ligue auvergnate et du Massif central, laquelle organise chaque année, depuis 1924, la Nuit arverne, le grand rendez-vous des Auvergnats de Paris.
Nous avons donc choisi de privilégier la cohérence culturelle en incluant le nord de l'Aveyron dans la partie de ce livre consacrée au « Centre à Paris ».

MONCEAU
Cie NOUVELLE
TAXIMETRE

Paris la provinciale

« Boulot: Ah! Comme la vie est autre à Paris qu'en province!…
Bastien: Boulot, mon ami, il faudra vous déprovincialiser ici!
D'ailleurs, je suis certain qu'avant quinze jours de service
dans cet hôtel, vous serez cuirassé! »

Georges Feydeau, l'Hôtel du libre-échange, *1894.*

Parmi les débats, entretenus depuis si longtemps qu'on n'en saurait retrouver les origines, il en est un visant à opposer Paris au reste de la France, la province – dont l'appellation sera perçue, suivant qu'on se situe d'un côté ou de l'autre de cette frontière fantasmatique, de façon péjorative ou, bien au contraire, qualitative. Mais si l'on admettait une fois pour toutes que Paris est la plus provinciale de toutes les villes de France? Ville capitale certes, mais ville mosaïque de toutes ses provinces, elle-même située au cœur d'une région nommée l'Île-de-France, et peuplée d'autochtones dont fort peu peuvent se prévaloir de racines purement parisiennes. Certes, quant à cela, les choses auraient, dit-on, évolué. En 1872, sur les 2 millions d'habitants qui peuplent la capitale, 1,3 million viennent d'ailleurs. Aujourd'hui, peut-être qu'un habitant sur quatre a vu le jour à Paris, qu'un sur huit possède un parent parisien et un sur vingt, les deux. Si l'on regarde ainsi les chiffres, les temps ont changé, et les Parisiens tendent à devenir d'authentiques Parigots. Mais dans la réalité, lorsque l'on se plonge dans cette population, que l'on va à la rencontre de ces Parisiens, certifiés ou non par le lieu de naissance inscrit sur leur carte d'identité, bien des surprises nous attendent. Évidemment, ont disparu les petits ramoneurs savoyards, les vielleuses et les montreurs de marmotte… Le bougnat n'existe plus, avec sa grosse moustache et son accent auvergnat… Plus de jolie Bretonne en coiffe bigoudène, perdue sur les quais de la gare Montparnasse, et plus de maçon creusois – dans le bâtiment, d'autres immigrés ont pris la relève. Depuis belle lurette, la ville a absorbé les flots de provinciaux qui ont fait d'elle ce qu'elle est aujourd'hui, édifiant ses monuments, inventant ses grands magasins ou son école républicaine, creusant son métro, ouvrant ses brasseries et ses cafés-restaurants… Mais tous ces provinciaux, qui ont autrefois quitté leur village dans l'espoir de trouver au bout du chemin un travail et une vie meilleure, ont apporté avec eux leur identité. Et celle-ci ne s'est pas perdue en route, ni, une fois dans la grande ville, oubliée au fil du temps. Ne dit-on pas que l'exil enracine?

◁ Conducteur de fiacre. Dans le Paris d'autrefois, où transport signifiait cheval – ne dit-on pas que sans l'invention de l'automobile, la capitale aurait été ensevelie sous le crottin? –, les fiacres se hélaient dans la rue, comme les taxis aujourd'hui. La plupart des conducteurs se recrutaient parmi les provinciaux montés à Paris, anciens campagnards habitués à mener des chevaux.

Eh bien, ces racines provinciales ont plongé loin dans le terreau parisien. Et ce qui en est sorti est encore bien vivace, les fruits en sont nombreux. Ce livre en est le témoignage. En recueillant la mémoire des exilés d'autrefois, nous avons découvert de nouveaux provinciaux, souvent nés à Paris, oui, mais fiers de leurs origines, curieux de leur passé et bien décidés à ne pas se contenter de vivre leur vie en « Parigots-têtes de veau » ! Paris est la ville de toutes ces provinces, et chacune peut être fière de ce qu'elle a apporté à la capitale, qui n'aurait pas sans elles le visage qu'on lui connaît aujourd'hui, même si l'exil et le déracinement furent rudes et parfois cruels.

Il est difficile de mesurer avant les recensements de la seconde moitié du XIXe siècle la quantité de provinciaux alors installés à Paris. Toutefois, l'augmentation considérable de la population entre 1872 et 1911 – le nombre d'habitants passe alors de 1 851 792 à 2 888 110 – témoigne de la forte migration provinciale au cours de cette période. Le taux de natalité étant plus bas à Paris que dans le reste de la France, c'est bien évidemment à l'afflux d'une population « étrangère » – et tout d'abord provinciale – que la capitale doit son accroissement. Le nombre des Parisiens à la veille de la Première Guerre mondiale va se maintenir jusqu'au milieu des années 1950, avant de décroître brusquement à la fin du XXe siècle.

▽ Dans les familles déracinées, les albums de photographies sont emplis de souvenirs du pays. Ici, immortalisés le jour de leur mariage dans leur petit village, Marguerite et Marcel Grosset Janin, les grands-parents de Daniel Jiguet, l'un des commissionnaires savoyards de l'hôtel Drouot.

Toutefois, cette immigration ne date pas du siècle dernier. Des liens entre Paris et la province se sont noués depuis longtemps, au fil des migrations saisonnières, du besoin de main-d'œuvre lors des grands chantiers parisiens… Avec le compagnonnage aussi, qui incluait un séjour dans la capitale, et toutes les activités exclusivement exercées par certains provinciaux – tel le flottage du bois, conduit depuis le XVe siècle par les Morvandiaux jusqu'aux ports de Paris.

Dès le XVIIIe siècle, on note, chez divers auteurs, des traces de la polémique qui s'est engagée quant à cette présence provinciale à Paris. Dans son *Dictionnaire universel de la police*, publié en 1785, Des Essarts affirme : « Il n'est pas douteux que les provinces se dépeuplent tous les jours pour agrandir la population de la capitale ; c'est presque toujours l'écume des provinciaux qui les abandonne ; que souvent le gouffre immense de la capitale sert de retraite aux vices des provinces et même d'asile aux crimes qui ont échappé à la juste sévérité des lois. » Quelle que soit son opinion quant à la moralité des malheureux migrants évoqués, il n'en demeure pas moins que les faubourgs de Paris regorgent à la veille de la Révolution d'une population provinciale trop souvent désœuvrée, et mal nourrie.

Sous l'Empire, la situation évolue. Paris manque de travailleurs, et la migration s'accentue, tendant parfois, de saisonnière, à devenir définitive. Les migrants sont principalement de jeunes actifs, le plus souvent célibataires. Le Nord fournit des ouvriers dans le secteur du vêtement. La présence picarde est considérable. De nombreux tailleurs de pierre viennent du Calvados ou de la Manche, et il semble que ces Normands s'assimilent plus aisément que les autres arrivants. De la Savoie, duché qui n'est pas

encore rattaché à la France, arrivent les ramoneurs, les décrotteurs, les portefaix et autres commissionnaires. Et de la Creuse continuent d'affluer les maçons qui ont, au fil des siècles, bâti la capitale… Bretons, Méridionaux et Lorrains ne parviennent que difficilement à surmonter la barrière linguistique – ces derniers sont d'ailleurs généralement considérés comme Allemands. Ainsi, comme le constate Alfred Fierro dans son *Histoire et dictionnaire de Paris* (1996), excepté les Creusois, et les Cantaliens ou Aveyronnais porteurs d'eau dans les rues de Paris, les provinciaux présents dans la capitale jusqu'au milieu du XIXe siècle sont principalement originaires des régions situées au-dessus d'une ligne imaginaire qui couperait la France en deux de Saint-Malo à Genève.
Cette tendance va s'inverser avec l'entrée en scène du chemin de fer : l'immigration de la moitié nord de la France diminue – hormis celle des Lorrains et des Alsaciens après l'annexion prussienne de leurs régions – quand celle de la moitié sud prend son essor. Outre celui de la Bretagne, soudain reliée à Paris par le miracle du train, le flot migratoire venu du Massif central est prépondérant. Plus tard monteront les Landais, les Gascons, les Basques, les Corses… Brusquement arrachés à la vie rurale et à ses repères, loin des leurs, souvent dépourvus de la moindre qualification, les nouveaux arrivants vont s'organiser, se regrouper, s'entraider, reformer dans des quartiers en général proches des gares qui les ont vus débarquer des colonies où la vie reprendra un peu comme au village. Souvent contée par l'album des photographies de famille, ou les cartes postales qui ont immortalisé ces temps aujourd'hui disparus, mais aussi par les portraits et témoignages actuels, découvrons à présent la grande aventure de ces provinciaux qui ont fait Paris.

△ Dans la seconde moitié du XIXe siècle, la bière conquiert Paris. Lors de l'Exposition universelle de 1867, les brasseurs alsaciens et lorrains supplantent leurs rivaux anglais ou allemands. Le succès de cette boisson est extraordinaire. Populaire à l'origine, elle sera bientôt servie à la clientèle huppée des brasseries élégantes de la capitale.

16 Juin 1908.
40 — Marche aux Bestiaux de la

Les provinces à Paris

Bœufs conduits à la bouverie du marché aux bestiaux de la Villette.

Un BAISER

Partir pour vivre mieux, partir pour **survivre**

« On ne saurait en effet s'imaginer la fascination que ce seul mot de Paris exerce en province sur certaines imaginations. Paris, c'est l'endroit où l'on trouve toujours du travail et où l'on fait les plus fortes journées. On part sur cette vague espérance, emmenant avec soi sa femme, ses enfants, ses effets dans une petite malle. Le voyage en chemin de fer dévore déjà une partie des économies ; en quelques jours, le garni, le traiteur ont mangé tout le reste. »

Haussonville, « La misère à Paris », dans la Revue des Deux Mondes, *1er octobre 1881.*

De multiples causes peuvent expliquer ce que l'on a coutume d'appeler l'exode rural. Bien entendu, les grands travaux mis en œuvre dans la capitale à partir du premier Empire ont nécessité le déplacement d'une grande masse de travailleurs – les terrassiers, manœuvres et autres spécialistes des métiers de la pierre disponibles sur place ne suffisant pas à répondre à la demande. Dans ce domaine, les salaires étaient bien plus élevés à Paris qu'en province, et l'exemple d'aînés déjà partis et revenus au pays pourvus de quelque argent poussait leurs compatriotes à tenter leur chance, d'autant que l'emploi était généralement garanti avant même le départ. Dans le même temps, la mise en place de la fonction publique, puis l'augmentation des fonctionnaires tout au long du XIXe siècle ainsi que l'implantation industrielle dans l'agglomération parisienne joueront à leur tour un rôle non négligeable dans les déplacements de population vers la capitale.

◁ L'avènement du chemin de fer va amplifier les phénomènes migratoires vers la capitale. Toutes les voies mènent à Paris ! Vision idyllique du départ vers l'inconnu ou souvenir nostalgique du pays que l'on quitte, les cartes postales témoignant du phénomène abondent.

Paris, pays de cocagne ?

Pour les provinciaux qualifiés, Paris apparaît alors comme un milieu économique où chacun peut tenter sa chance. La ville semble offrir d'infinies possibilités d'exercer ses talents. Entre l'espoir du gain, le désir de conquête et celui d'échapper à une condition rurale trop étriquée, le choix est rapidement fait. Mais les

△ **La fenaison dans le Cantal : tout un village travaille au coude à coude. À l'heure de la pause, tandis que les hommes aiguisent leur faux, les femmes apportent le repas. Cette solidarité villageoise se reconstituera lors de l'exil parisien, quand la misère aura poussé un grand nombre de provinciaux à quitter leur pays, d'abord provisoirement puis définitivement.**

espoirs des uns ne doivent pas masquer la détresse des autres. La plupart sont des ruraux ne connaissant que la vie à la ferme, la traite des vaches et les labours, parlant à peine le français, et ce n'est que contraints et forcés qu'ils ont pu se résoudre à quitter cet univers, leur famille et leurs repères. Paris, pour le plus grand nombre, ce fut tenter d'échapper à la misère. Et si la vie au pays avait nourri chaque membre de la famille, combien seraient partis ?

Partir pour mieux revenir

Plusieurs études ont mis en relation les mauvaises récoltes et la hausse du prix du pain dans diverses régions avec le nombre de passeports délivrés ces années-là. Par ailleurs, les migrations saisonnières en sont un parfait témoignage, qui jetaient sur les routes durant les mois d'hiver, quand la terre n'était pas cultivable, les hommes valides, partis louer leurs bras où l'on pouvait en avoir besoin. Ainsi en fut-il des Auvergnats, chaudronniers ferrailleurs – profession ancienne dans le

Cantal – dont la réussite, parmi celles des premiers migrants temporaires, fut exemplaire. Dès le XVIIIe siècle, ces paysans modestes quittaient l'Auvergne lorsque l'hiver stoppait les activités agricoles, avec le matériel qu'ils y avaient récupéré. Venus le vendre à Paris, ils y réalisèrent peu à peu des profits qui leur permirent de s'établir aux portes de la capitale, puis dans le faubourg Saint-Antoine et bientôt au cœur de la Bastille. La littérature des XVIIIe et XIXe siècles les décrira comme des travailleurs entreprenants mais aimant l'argent, et durs en affaires.

Poussés par l'extrême pauvreté qui régnait dans leur région, les montagnards descendaient donc dans les plaines à la mauvaise saison, puis gagnaient la capitale où ils devenaient ces « gagne-deniers » que l'on reconnaissait aisément à ce qu'ils demeuraient debout au coin des rues, prêts à accepter toute forme d'embauche. Travailleurs acharnés, réputés habiles et adaptables mais le plus souvent dépourvus de qualifications, ils se louaient la plupart du temps comme portefaix, décrotteurs, porteurs d'eau ou cochers de fiacre – services dédaignés par les gens du cru.

△ Un buronnier en Auvergne. Au tournant du XXe siècle, les employés agricoles des burons – petites habitations fromagères utilisées pendant l'estive sur les montagnes du Cantal et de l'Aubrac – ont commencé à migrer en nombre vers Paris pour y trouver du travail pendant la saison d'hiver.

△△ Le chemin de fer fit son apparition en Bretagne dans la seconde moitié du XIXe siècle. Enfin desservie par ce nouveau moyen de transport, cette région, encore relativement isolée, fut prête à conquérir la capitale.

△ À Paris, la gare du Nord fut inaugurée en 1846, en même temps que la ligne reliant Paris, Amiens et Lille. Le développement des transports la rendit rapidement obsolète. En partie démolie, elle fut rebâtie à partir de 1861.

Au terme de quelques mois, à survivre vaille que vaille dans cet univers a priori hostile, il y aurait peut-être dans l'escarcelle de quoi payer une dette au pays, acheter un bout de champ ou une chèvre, retaper une toiture. Autrement dit, eux, et c'était le plus grand nombre, ils ne quittaient leur maison que pour mieux la conserver.

Ainsi, les forces vives de la région laissaient derrière elles femmes, enfants et vieillards s'occuper de la ferme, si misérable soit-elle – et ce, jusqu'à la fin du XIXe siècle, période où, de temporaire, la migration devint durable. Vers 1885, les femmes partaient avec leurs maris, et les couples s'établissaient à Paris tout de bon – non sans l'espoir de s'en retourner finir ses jours au pays, une fois fortune faite.

« Invasion barbare »

Lorsque le flot des migrants, alléchés par quelques exemples de réussite personnelle ou poussés par la misère régionale, augmenta, cet afflux de provinciaux ne fut pas forcément vu d'un bon œil. « Tourbe de nomades ! », s'inquiétait Haussmann – dont les grands travaux requéraient pourtant l'arrivage d'une fantastique main-d'œuvre –, « Invasion barbare ! », s'indignait *le Journal des débats*, « multitude de vagabonds… », s'alarmait Thiers. Tout comme au siècle précédent, ce sont ces « étrangers » que l'on rendait alors responsables d'une insécurité jugée grandissante. Bien injustement semble-t-il. Le premier souci de ces arrivants était de trouver un travail et un logement, et d'économiser, vivant le plus chichement possible, afin de revenir au pays avec une somme justifiant leur départ.

△ Proche de la gare de Lyon, le faubourg Saint-Antoine devint rapidement l'un des lieux de regroupement de la population auvergnate. Toute proche, la rue de Lappe, surnommée « la petite Auvergne », comptait entre les deux guerres pas moins de dix-sept bals musettes où se retrouvaient les gens du pays.

JEUNES
DES DANGERS VOUS GUETTENT...
OU LOGEREZ-VOUS ? OU TRAVAILLEREZ-VOUS ?
DEFIEZ-VOUS DES OFFRES TROMPEUSES
Tous renseignements (Paris-Province)
une adresse
ŒUVRE des GARES
21, Avenue Général Michel-Bizot, Paris 12ᵉ
PAUL COLIN
Accueil et Loisirs
MISSION BRETONNE
45-47 rue La Quintinie
Paris 15ᵉ Métro Vaugirard
Vau 20-84 62-77
Édité par les EQUIPES d'ACTION contre la traite des femmes et des enfants
21, rue Sainte-Croix de la Bretonnerie, Paris 4ᵉ

Des garnis aux colonies

« Ils s'étaient déjà engagés d'une centaine de pas dans la rue de la Goutte-d'Or. [...]
– Vous regardiez la maison. C'est toujours loué du haut en bas. Il y a trois cents locataires, je crois [...] On serait bien ici, n'est-ce pas ?
– Oui, on serait bien, murmura Gervaise.
À Plassans, ce n'était pas si peuplé, dans notre rue... »

Émile Zola, l'Assommoir, *1879.*

« Le loyer mange tout, et l'on fait maigre chère ! » déplore le poète Barthélemy dans *le Vieux Paris et le nouveau*, en 1861. Le logement est l'un des soucis qui dominent largement les préoccupations du nouvel arrivant. Tout au long du XIXe siècle, les loyers parisiens sont exorbitants et ne cessent d'augmenter : l'accroissement de la population à partir de 1872 – et donc après l'annexion des communes avoisinant Paris, en 1860, dont la croissance est spectaculaire – ne va pas de pair avec la multiplication des logements. Or, pour le migrant, le budget consacré à se loger doit être le plus maigre possible, sans quoi l'espoir d'amasser quelque gain à Paris est réduit à néant. D'une manière générale, les célibataires choisiront de vivre dans un garni ou, dans le meilleur des cas, dans une chambre louée chez l'habitant. Quant aux familles, elles chercheront un petit meublé.

Le garni : un lieu insalubre

A priori provisoire, ce logis misérable se transformait bien souvent en logement permanent. Pendant longtemps, les chiffonniers ou les maçons creusois y eurent largement recours. Les ouvriers originaires d'un même village s'entassaient dans une pièce exiguë, où pouvait s'exercer une solidarité régionale fondée sur une expérience, des habitudes et un parler communs – ce qui n'interdisait néanmoins pas la concurrence sur les lieux d'embauche ! On trouvait dans le garni quelques couchettes – parfois, dans un souci d'économie, les hommes en louaient une à plusieurs et l'occupaient à tour de rôle, suivant les horaires de travail –, parfois une corde pour suspendre ses hardes, ou une planche pour poser quelques affaires.

◁ Affiche posée par la Mission bretonne dans l'ancienne gare Montparnasse, juste à la sortie des quais, pour alerter les immigrantes naïves. Le père Le Quéméner de la mission allait avec Glenmor et d'autres gars costauds à l'arrivée des trains pour éviter que les jeunes Bretonnes ne soient accueillies par des proxénètes : à l'époque, les maisons closes de Paris étaient remplies de Bretonnes fourvoyées.
« Je suis arrivée à Paris en 1961, raconte Rolande Ollitrault, l'œil malicieux... À l'époque, quand je disais que j'étais bretonne, à chaque fois les gens me regardaient avec un petit sourire, ils se disaient : "Tiens, c'est une Bécassine ou une pute ?" »

△ Ancien hameau rural situé entre les villages de Montmartre et de La Chapelle, Clignancourt fut rattaché à Paris avec ces communes au sein du 18e arrondissement en 1860. Ce quartier fut entièrement transformé à cette époque par l'industrialisation du nord de la capitale. Sa population s'accrut alors de façon considérable. Zola y situa son roman *l'Assommoir*, où Gervaise, Provençale montée à Paris, finira dans la faim et la misère, ayant abandonné tout espoir de bonheur.

En 1840, le docteur Bayard visite l'un de ces logements sordides : « Dans une chambrée du quatrième étage ayant à peine 5 m^2, je trouvai vingt-trois individus, hommes et enfants, couchés pêle-mêle sur cinq lits. L'air de cette chambre était tellement infect que je fus pris de nausée. » Surpeuplés, dépourvus d'air et de lumière, les garnis sont des lieux insalubres. À la suite de graves épidémies de fièvre typhoïde, un corps d'inspecteurs est créé en 1883 afin de surveiller les conditions de propreté et de salubrité des garnis, lesquelles seront jugées « presque satisfaisantes » vers 1895.

Ces habitats populaires étaient rarement exploités par le propriétaire lui-même, mais par un locataire, qui encaissait les loyers. Le centre de Paris – les Halles, Saint-Merri, Saint-Gervais, la montagne Sainte-Geneviève –, quartier miséreux déserté par les bourgeois, se partageait avec les faubourgs ce type de clientèle, que l'on retrouvait également à Montmartre et Clignancourt, aux Batignolles, du côté de Grenelle, à Belleville, et à la Villette. En 1911, 165 000 Parisiens vivent encore dans des garnis qui restent l'un des lieux d'accueil privilégié des migrants ouvriers jusque dans les années 1940.

Des conditions de vie misérables

Le logement ouvrier, apparu avec la révolution industrielle, a été parfaitement décrit par Zola, qui, dans *l'Assommoir*, invente une cité ouvrière rue de la Goutte-d'Or après avoir observé l'un de ces îlots insalubres rue des Poissonniers, vers l'emplacement de l'actuel métro Barbès. Vers 1890, une famille nombreuse devait se contenter d'une surface de 15 à 20 m^2 divisée en deux ou trois pièces, comportant au mieux un lieu d'aisances sur le palier, parfois destiné à une soixantaine d'habitants, et un poste d'eau situé dans la cour. Ces conditions de vie sont peut-être responsables d'une baisse de la natalité dans la capitale à cette époque, vu le problème posé par le couchage des enfants. Un jeune ménage pouvait toutefois se meubler à crédit dans des magasins populaires et avoir la satisfaction de « vivre dans ses meubles », autrement dit : chez soi. Progrès inestimable ! Au début du XXe siècle, les revendications des locataires aboutiront à des programmes de logements sociaux dont l'initiative, privée ou publique, changera la vie des immigrants.

△△ Fiacres et omnibus à impériale ou hippomobiles sur le boulevard des Italiens.

△ Autobus et tramways vers le pont Saint-Michel. La Compagnie générale était installée dans le nord de Paris, rue Championnet, sur des terrains proches de la rue de Clignancourt. De nombreux provinciaux, montés à Paris sans qualification particulière, travailleront pour cette société.

△ Les provinciaux essayaient souvent de se loger autour de leurs lieux d'embauche. Une fois arrivés dans la capitale, tous les commissionnaires savoyards travaillant à l'hôtel Drouot s'établissaient dans ce quartier.

Un quartier par région

Dans des conditions aussi difficiles, les provinciaux avaient tout naturellement tendance à se regrouper, suivant le métier qu'ils exerçaient – et qui était souvent lié à leur lieu d'origine –, près des lieux d'embauche. Puis, après l'avènement du chemin de fer, les nouveaux arrivants posaient leurs valises non loin des gares où ils avaient débarqué, ou – dans le cas des Basques par exemple – dans le quartier où une amicale ou un centre d'accueil – la Maison basque, en l'occurrence, fondée dans le 16e arrondissement – était établi.

Ainsi, beaucoup d'Auvergnats se retrouvèrent près de la gare de Lyon, plus précisément dans le quartier de la Bastille. La rue de Lappe, surnommée « la petite Auvergne », devint le point d'ancrage et de ralliement à partir duquel la colonie essaima peu à peu dans la capitale : Aveyronnais à Clignancourt et aux Batignolles, Cantaliens près de la Roquette, originaires du Puy-de-Dôme près de la Sorbonne ou des Quinze-Vingts… De même, initialement, les Bretons se fixèrent dans le quartier de Montparnasse, près de la gare, et dans les environs de la paroisse Notre-Dame-des-Champs. Les Limousins, pour la plupart les fameux maçons creusois, restèrent fidèles aux quartiers de la montagne Sainte-Geneviève, de la place Maubert et de l'Hôtel de Ville. Les arrivants du Nord-Pas-de-Calais et de la Somme étaient implantés près de la gare du Nord, tandis que Champenois, Lorrains et Alsaciens ne s'éloignèrent guère du nord-est de la capitale. Vu le prix des loyers parisiens, la banlieue fut parfois mise à contribution. Ainsi, les Savoyards, outre le 9e arrondissement, dans

lequel les commissionnaires de l'hôtel Drouot cherchaient à se loger, se concentraient rue de Meaux, dans le 19e arrondissement, et à Levallois-Perret.
En revanche, les domestiques, gens de maison ou bonnes à tout faire, ne pouvaient participer à ces regroupements par régions – et donc dialectes –, mais étaient forcés de se disséminer au hasard de l'embauche.

△ La rue de la Gaîté, qui devait son nom à ses restaurants et guinguettes autrefois situés à l'extérieur de la barrière du Montparnasse, va se retrouver, après l'agrandissement de la capitale et la construction de la première gare de l'Ouest, au cœur du quartier breton. Salles de bal et de spectacle continuent toutefois d'y proliférer à la Belle Époque, mêlant à la population bretonne et populaire des environs un public parisien et de nombreux artistes.

Entre Paris et le pays natal

Dans *la Colonie auvergnate de Paris* (1976), Françoise Raison-Jourde constate combien « l'imprégnation du pays natal, toujours sensible à travers le parler, le costume, les habitudes alimentaires, réunit ces émigrants dans une solidarité due aux affinités provinciales ». Cette remarque peut s'appliquer à presque l'ensemble des provinciaux exilés à Paris – exception faite peut-être des Gascons, plus indépendants, qui se contentent souvent des fêtes pour se retrouver « entre pays ». C'est du moins ce qu'explique l'actuelle présidente des Gascons de Paris, et que confirme ce Gersois, autrefois monté à Paris poursuivre des études interrompues par la guerre : « Finalement, j'ai préféré m'installer à Paris, parce que j'y étais beaucoup plus libre qu'en province ! »
Loin de partager ce sentiment, nombre d'immigrants, une fois installés dans la capitale, gardaient les yeux rivés sur leur pays d'origine, objet de fantasmes et de regrets. Dans les familles modestes, les journées de travail très longues laissaient peu de liberté pour s'occuper des enfants nés dans la capitale. Aussi les envoyait-on souvent

▽ Tout naturellement, les Basques de Paris se retrouvent, comme au village, pour s'exercer à la pelote basque. En juillet 1934, Rosendo Aduriz, encore enfant et déjà pourvu d'une chistera, pose avec son père et des compatriotes au fronton de Paris.

▷ Eugénie Galtier, la première pastourelle de la Ligue d'Auvergne et du Massif central, élue en 1924. Cette belle Aveyronnaise, qui a conquis les Auvergnats de la capitale en tenue traditionnelle, avec sa chèvre blanche et son rouet, symbolise pour eux le pays natal, dont chacun garde la nostalgie.

dans la famille, qui les élevait au village, jusqu'à l'entrée à l'école et parfois même jusqu'à l'adolescence – ou au certificat d'études –, resserrant encore le lien affectif qui attachait le provincial aux deux pôles d'attraction que constituaient Paris et son village. Comme les occasions étaient rares de repartir chez soi, parents et enfants se découvraient presque lorsque ces derniers devaient à leur tour rejoindre la capitale pour gagner leur vie.

Un réseau d'accueil et de solidarité

Amicales, journaux, foyers régionaux, logis pouvant abriter un temps les jeunes arrivants… Dès la fin du XIXe siècle, chaque région mit en place, petit à petit, des structures visant à organiser l'entraide et l'accueil, si nécessaires à bien des exilés, venus à Paris les poches vides et le cœur plein d'espoir. Malheureusement, déracinés de leur campagne et plongés au centre d'une vie urbaine intense, certains provinciaux semblaient manifester moins de facilités d'adaptation que les autres. Si celles des Savoyards ou des Auvergnats sont devenues légendaires, il en alla tout autrement des Bretons. En 1900, l'abbé Cadic, qui va fonder la paroisse bretonne de Paris pour pallier l'isolement de ses compatriotes, constate : « Le Breton, à l'encontre du

Normand ou de l'Auvergnat, n'économise pas, il dépense tout. » *La Semaine religieuse de Saint-Brieuc* remarquait déjà en 1892 à propos des Bretons émigrés : « Ni leur nature, ni leur éducation ne les y ont préparés. Aussi ne tardaient-ils pas à être relégués dans les métiers les plus simples, les plus grossiers, les moins lucratifs. Ils s'en consolaient en portant chez le marchand de vin la plus grosse part du salaire qui pourrait assurer à leur famille un bien-être modeste, sans doute, mais suffisant. » Une fois encore, l'essor des amicales régionales permettra un regroupement fraternel dans le courant du XXe siècle, et le quartier de la gare Montparnasse deviendra un important lieu d'entraide grâce, entre autres, à la Mission bretonne.

Se rassembler entre soi, suivant les dialectes, les habitudes vestimentaires, culinaires, les souvenirs et connaissances partagés, a permis aux provinciaux de se sentir en sécurité au sein d'une ville trop grande, trop bruyante, trop agitée pour eux. Toutefois, si l'endogamie fut très forte chez les Bretons, les Auvergnats, les Alsaciens, les Lorrains et les Corses, un tiers de ces exilés montés à Paris fit souche en épousant des Parisiennes. Et par un juste retour des choses, comme les saisonniers avaient autrefois influencé, lors des retours au pays, leur société rurale traditionnelle par leur expérience de la vie urbaine et ouvrière, Paris va, au cours de ce long flux migratoire, en intégrer les apports culturels et, parfois, se les approprier. C'est ainsi que l'accordéon italien, devenu l'allié indispensable du bal musette auvergnat, symbolise Paris aux yeux des étrangers depuis le début du XXe siècle…

△△ Voilée de noir au cours de la période où l'Alsace reste annexée, la statue représentant la ville de Strasbourg sur la place de la Concorde fit l'objet de commémorations enthousiastes de la part des Lorrains et des Alsaciens réfugiés à Paris, à l'occasion du 14 Juillet. Carte postale de 1905.

△ Les prétendantes au titre de reine des Gascons de Paris, lors de l'élection qui se déroulait au cercle militaire dans les années 1960.

Les métiers des régions

« Ceux qu'on appelle gens de peine sont presque tous des étrangers. Les Savoyards sont décrotteurs, frotteurs et scieurs de bois; les Auvergnats sont presque tous porteurs d'eau; les Limousins maçons; les Lyonnais sont ordinairement crocheteurs et porteurs de chaises; les Normands, tailleurs de pierre, paveurs et porte-balles, raccommodeurs de faïence, marchands de peaux de lapins; les Gascons, perruquiers ou carabins; les Lorrains, savetiers ambulants, sous le nom de carreleurs ou recarreleurs. »

Louis-Sébastien Mercier, Tableau de Paris, *1783.*

Les provinciaux avaient besoin de Paris pour survivre, et des emplois qu'offrait la ville, avec ses multiples travaux et ses petits métiers de toutes sortes. Mais Paris avait tout autant besoin d'eux. De Bercy aux Halles, dans les rues de la capitale, aux carrefours, et dans chaque maison, ils proposaient leurs services, minuscules rouages indispensables à la bonne marche de l'immense cité.

Au cours du XIXe et du XXe siècle, des vagues successives de provinciaux sont « montées » vers la capitale. Et les arrivants furent toujours plus nombreux. Chaque aventure devrait a priori se révéler individuelle – toutefois, on observe qu'elle l'est en réalité plus ou moins, et que ce facteur influe considérablement sur l'insertion du migrant et, en conséquence, sur l'apprentissage d'un métier lié ou non à sa région d'origine. En effet, suivant les structures mises en place par des compatriotes déjà établis en vue de son accueil, suivant l'organisation plus ou moins planifiée de sa migration, le nouvel arrivant pouvait – ou non – bénéficier d'un système de cooptation qui, très souvent, allait aboutir à l'exercice quasi exclusif de certains emplois par des « pays », originaires d'une même région quand ce n'était pas d'un même canton. Dans d'autres cas, sans entraide structurée, sans prise en charge à l'arrivée dans la capitale, il fallait se débrouiller vaille que vaille et faire preuve individuellement d'imagination et d'ingéniosité. Ainsi, il est difficile de recenser les métiers spécifiques de chaque province, car, quand bien même on rencontrait dans le Paris de la Belle Époque de nombreux Gascons

◁ Entrée dans l'imagerie populaire, la vielleuse savoyarde, musicienne des rues, égayait les passants avec son instrument à manivelle. Très en vogue au XVIIIe siècle, ce personnage familier du paysage parisien devint célèbre en la personne de Fanchon, surnom de Françoise Chemin, épouse Ménard, musicienne née à Faverges, dont le père était employé comme frotteur par une noble dame parisienne. Cette Fanchon, à qui l'on prêta une vie tantôt dévergondée, tantôt exemplaire, fit couler beaucoup d'encre, inspira maints opérettes et romans-feuilletons et fit rêver bien des Parisiens. Coiffée d'un fichu, elle donna son nom à ce foulard noué sur la tête et porté dans la capitale par tant de provinciales.

Il existait une variété infinie de petits métiers exercés à Paris par les provinciaux exilés, certains fixes et durables, d'autres passagers, parfois cumulés. En l'absence de qualification, on faisait preuve de débrouillardise pour investir la rue à sa façon, acquérant au fur et à mesure l'aptitude et l'expérience nécessaires. Bien souvent, l'investissement de départ était minime. Armée de quelques outils, d'un panier, ou de sa seule voix – et dans le meilleur des cas d'un tabouret installé sous quelques planches qui constituaient alors une « place », presque le début d'une boutique –, de l'enfant au vieillard, toute une masse laborieuse travaillait au jour le jour, sans avenir assuré. Son existence reposait sur un gain quotidien minime, permettant juste de subsister. La précarité n'était pas un vain mot. Une amende, une maladie trop longue, un prêt généreux – et malheureux – à un ami et c'était la misère.

postiers ou marchands de marrons, comme bien d'autres provinciaux, ils exercèrent après leur arrivée les métiers les plus divers.

Par ailleurs, certains mouvements migratoires vers la capitale survinrent plus tardivement que d'autres – ce fut notamment le cas des Basques et des Landais –, ce qui ne favorisa guère l'exercice de petits métiers alors déjà en voie de disparition. Après la Seconde Guerre mondiale, de plus en plus de migrants débarquèrent dans la capitale pourvus d'une qualification : ils venaient chercher à Paris des postes qu'ils ne trouvaient pas en province.

Une étude exhaustive de ces métiers qui animèrent la capitale au fil des siècles de façon si pittoresque sortirait du cadre de cet ouvrage. Mais, en substance, voici les plus emblématiques de ceux qu'exercèrent les provinciaux, et qui restèrent fortement liés au régionalisme.

Des métiers, des régions

Les regroupements, régionaux, cantonaux, familiaux, ont favorisé la cooptation professionnelle pour les immigrés dépourvus de qualification. Souvent, l'oncle ou le cousin qui hébergeait provisoirement le nouvel arrivant lui apprenait également son métier. Exemple fameux, ces ferrailleurs originaires de Mauriac, résidant tous aux alentours de la rue de Lappe. De même, si la cousine ou l'ancienne voisine quittait sa place, elle se chargeait de recommander l'une de ses petites payses, désireuse de monter à son tour à Paris… Par ailleurs, les chefs de petites entreprises préféraient toujours embaucher des compatriotes. Et certains emplois finirent véritablement par être occupés par des provinciaux aux origines communes.

Les p'tits métiers de Paris

V'là du cresson de fontaine, la santé du corps!

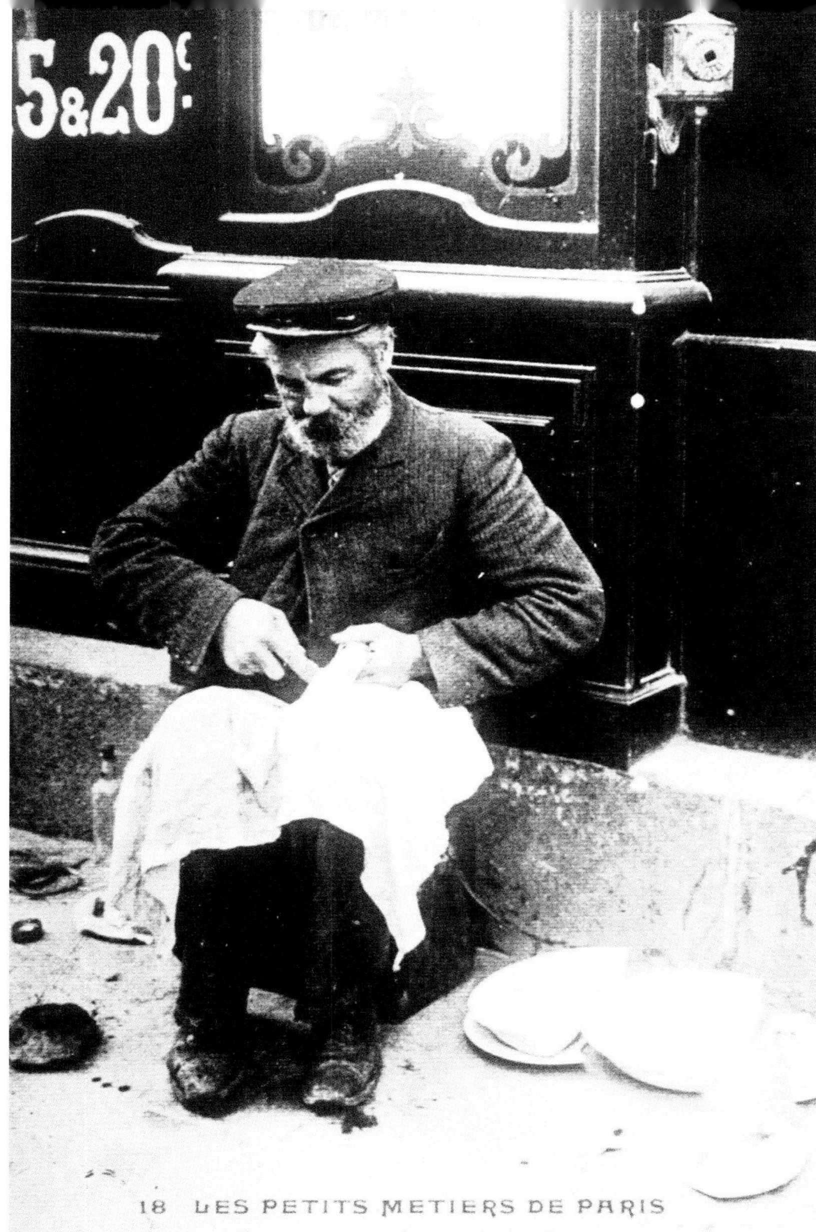

18 LES PETITS METIERS DE PARIS

SCÈNES PARISIENNES. — *Le Rémouleur*

△ **À Paris, au XIXe siècle et même au début du XXe siècle, le lait d'ânesse est considéré comme un remède, une boisson de luxe aux vertus thérapeutiques. De nombreuses élégantes y recourent, comme autant de Cléopâtre… Les marchands, souvent montés de province avec leur cheptel, déambulaient dans la capitale, alertant leurs clients au cri de : « Lait d'ânesse, du bon lait d'ânesse ! », et vendaient cette denrée plus de 8 francs le litre. Proche du lait de femme, le lait d'ânesse était en outre utilisé dans les hôpitaux recueillant des enfants que leurs mères ne pouvaient nourrir.**

Décrotteurs, ramoneurs et vielleuses, montreurs de marmotte savoyards, montreurs d'ours ou conducteurs d'omnibus à cheval ariégeois, ferrailleurs cantalous, porteurs d'eau, livreurs de bains à domicile et bougnats cantaliens, limonadiers aveyronnais, maçons creusois, nourrices bretonnes ou morvandelles, cochers de fiacre, laitiers nourrisseurs, chevriers, marchands de marrons ou facteurs gascons, débardeurs bourguignons de Bercy, marchands d'ail bretons, jardiniers normands, bedeaux basques, domestiques et bonnes à tout faire de partout et d'ailleurs… Une fois à Paris, il fallait se nourrir, et si possible mettre un peu d'argent de côté pour aider la famille restée au pays. Bien longtemps, hormis les réussites exemplaires de certains Auvergnats qui parvinrent à fonder de véritables fortunes, les bas de laine constitués par nos provinciaux servaient tout juste à aider les leurs à survivre. Puis, peu à peu, à force d'endurance et d'énergie, on fit quelques économies. Au fil du temps, la fonction publique et de nouveaux métiers plus lucratifs remplacèrent ceux, si pittoresques, d'antan, et devinrent le gage d'une réussite sociale souvent enviée au village…

Ramoneurs, décrotteurs et montreurs de marmotte savoyards

Depuis des temps reculés, poussés par l'extrême pauvreté qui régnait dans leur région, de nombreux Savoyards quittaient la montagne à la mauvaise saison afin de gagner la capitale, où leurs services étaient appréciés. Trop pauvres pour payer la diligence, ils effectuaient le voyage à pied. Travailleurs acharnés, réputés habiles et adaptables mais le plus souvent dépourvus de qualifications, ils se louaient comme

ramoneurs, portefaix ou décrotteurs. Les femmes étaient des vielleuses renommées, et de nombreux enfants étaient embauchés comme ramoneurs. D'autres encore gagnaient quelques sous en montrant une marmotte qu'ils avaient ramenée du pays. Plus tard, les métiers de service disparaissant du paysage parisien, les Savoyards se feront postillons, occuperont les emplois de commissionnaires à Drouot ou deviendront, avec la vogue des bancs de fruits de mer au début du XXe siècle, les écaillers de la capitale, habitués au froid et capables de garder des heures durant les mains en contact avec la glace.

« Ramonez-ci, ramonez-là, la cheminée du haut en bas, la, la, la ! » Dans *le Grand Dictionnaire universel du XIXe siècle* de Pierre Larousse, publié en 1870, au terme « Savoyard » correspond cette définition : « Fumiste, ramoneur de la Savoie, fournissant un grand nombre d'hommes et d'enfants exerçant ce métier. » En réalité, l'exiguïté des cheminées à nettoyer rendait surtout cet emploi accessible aux plus jeunes. Image d'Épinal que ces petits ramoneurs. Dès six ans, ils battaient le pavé, vêtus de noir, chaussés de sabots et coiffés d'un bonnet, le visage barbouillé de suie, proposant leurs services pour quelques sous… Cet argent finissait immanquablement dans la poche d'un patron intraitable qui ne laissait à ses jeunes employés qu'un misérable salaire. Pourtant, la tâche était rude et périlleuse : il s'agissait de monter jusqu'en haut d'un étroit conduit de cheminée pour en gratter la suie, étouffant à moitié, risquant de se rompre le cou pour peu que le plâtre vétuste ne cède sous l'appui, puis de redescendre,

△ Recommandation de l'Académie de médecine en 1887 : « À défaut de lait de femme, se servir de lait de vache ou de chèvre. » Au début du XXe siècle, les marchands de lait de chèvre sillonnaient les rues de la capitale. Ce négoce demande un investissement de base, à moins que notre provincial ne soit venu à Paris avec ses bêtes. Parfois, l'occasion fait le larron. C'est le cas d'un certain Simon, ancien maçon creusois devenu marchand de lait de chèvre. Ayant eu cinq enfants en trois ans, il s'était vu doté de deux chèvres par l'Assistance publique afin de pourvoir à leur allaitement. Sa femme et trois de ses enfants étant morts, il éleva les chèvres et fit commerce de leur lait.

▽ Le métier de décrotteur fut généralement exercé par les Savoyards. Au départ, le capital nécessaire à l'entreprise, quoique modeste, représentait un petit investissement : il fallait disposer d'une sellette, d'un chiffon, d'une brosse à poil dur (le décrottoir) et d'une autre permettant d'étendre la cire.

une fois accompli ce dangereux périple, par le même chemin, haut d'une cinquantaine de pieds. La suie, recueillie dans des sacs, était ensuite vendue comme engrais.

Les gros travaux domestiques rebutaient les Parisiens ? Ils attireront la main-d'œuvre savoyarde. L'apprentissage en est aisé, requérant force et habileté, et peu de connaissances manuelles. Frotteurs de parquet, batteurs de tapis, portefaix ou scieurs de bois de chauffage, les Savoyards partageront un temps le monopole de ces activités épuisantes avec les Auvergnats.

Jusqu'au second Empire, Paris resta une ville dense, aux rues étroites, encombrée de voitures à cheval, dépourvue de tout-à-l'égout, où chacun se débarrassait de ses ordures ménagères comme bon lui semblait. Beaucoup de Savoyards se regroupèrent sur le Pont-Neuf. Là, armés d'une brosse en poil de sanglier, d'un chiffon et d'un polissoir, ils nettoyaient avec adresse le soulier souillé du piéton. L'ayant posé sur sa sellette, le décrotteur lui rendait un lustre décent pour deux liards - un demi-sou - et finissait de le polir avec son huile mêlée à du noir de fumée. Ainsi cette petite population se rendit-elle vite indispensable à la vie parisienne.

Parfois, les enfants savoyards accompagnaient leurs parents venus faire la saison à Paris. C'était pour eux l'occasion d'étonner les Parisiens en exhibant une marmotte apprivoisée contre menue monnaie. Cette bestiole, ils l'avaient attrapée toute jeune dans la montagne, vers la mi-mai, lors des premières sorties de la nichée hors de son terrier. Malgré la surveillance des marmottes adultes, il était

△▷ ET ▷ Ayant capturé un ourson dans les montagnes proches de chez eux, les montreurs d'ours ariégeois le dressaient avant de l'emmener dans la capitale, où ils l'exhibaient sous les yeux des badauds ébahis. Ils disparurent pendant la Première Guerre mondiale, mais cette activité dura encore quelque temps, exercée par des Tsiganes.
Quant au petit Savoyard montreur de marmotte, il n'excitait pas moins la curiosité, avec sa boîte en bandoulière dans laquelle voyageait son étonnant compagnon.

alors facile d'attraper un petit avant qu'il ne retrouve le chemin de son trou pour s'y cacher. Les gamins savoyards parvenaient plus ou moins à dresser leur gagne-pain. Mais le plus souvent, ils ôtaient ses incisives à l'animal – car d'un coup de dents, une marmotte coupe un doigt comme un rien !

Cochers de fiacre savoyards et auvergnats

« Quand les fiacres sont à jeun, ils sont assez dociles ; vers le midi ils sont plus difficiles ; le soir ils sont intraitables ; les rixes fréquentes qui s'élèvent sont jugées chez les commissaires ; ils inclinent toujours en faveur du cocher. Plus les cochers sont ivres, plus ils fouettent leurs chevaux ; et vous n'êtes jamais mieux mené que quand ils ont perdu la tête », déclare Louis-Sébastien Mercier dans son *Tableau de Paris* (1781-1788). Le métier de cocher est ancien, et, si l'on en croit Louis-Sébastien Mercier, de mauvaise réputation ! Mais vers 1900, la concurrence des compagnies employant des cochers de fiacre rendait aux postillons indépendants la vie difficile. Pour autant, tous ces voituriers conservaient leur réputation de mauvais caractère. Le prix de la course donnait lieu à tant de querelles que l'installation de compteurs, nommés taximètres, devint obligatoire en 1904. Malgré cette innovation, il était toujours recommandé de « demander au cocher son numéro et de le garder en cas de difficultés ultérieures : de regarder sa montre et de contrôler l'heure avec la montre du cocher ». L'apparition des voitures sonnera le glas de la profession.

△ ET ▽ Bien des Savoyards devinrent cochers de fiacre. L'examen nécessaire à l'obtention du diplôme déterminait les connaissances du candidat relatives au soin des chevaux et à leur maniement, au Code de la route et à la topographie parisienne. Daniel Jiguet, aujourd'hui col rouge à Drouot, conserve celui de son ancêtre, Joseph Eugène Gruz.

▷ En 1906, trois femmes furent admises à préparer l'examen de la préfecture de police pour devenir cocher de fiacre dans la capitale, bientôt suivies de nombreuses autres. Les deux premières à obtenir le diplôme, en 1907, Mmes Duffaut et Charnier, s'attirèrent l'hostilité de leurs confrères. Ici, Clémentine Duffaut devant le 38, rue Claude-Bernard.

PRÉFECTURE DE POLICE
2e DIVISION
3e BUREAU
Numéro d'Inscription : 45190
Grux 45190

RÉPUBLIQUE FRANÇAISE
LIBERTÉ — ÉGALITÉ — FRATERNITÉ

NOUS, PRÉFET DE POLICE,
Attestons que le sieur Grux Joseph Eugène né à Passy le 31 Mars 1859 a été inscrit comme cocher antérieurement à l'Ordonnance de Police du 23 août 1888, et lui délivrons la présente attestation l'admettant à exercer la profession de Cocher de voiture de place ou de remise mixte.

SIGNATURE DU COCHER, Grux

POUR LE PRÉFET DE POLICE :
Le Chef du 3e Bureau, 2e Division,

En 1900, on recensait 10 863 fiacres hippomobiles à deux places et seulement 5 voitures automobiles dans les rues de la capitale. Sept ans plus tard, 9 409 fiacres étaient encore en activité, contre 2 359 voitures automobiles rebaptisées taxi qui les détrôneront peu à peu, jusqu'à la disparition totale du fiacre à cheval. Cinq cents fiacres étaient encore en activité en 1919, et le dernier « sapin » disparut vers 1928. Savoyards et Auvergnats, une fois encore, se sont partagé la profession. Tout naturellement, de nombreux Auvergnats deviendront chauffeurs de taxi dans le courant du XXe siècle. En 1907 apparurent les premières femmes cochères de fiacre, bientôt suivies de nombreuses consœurs. Les plus célèbres, Mmes Véron et Charnier, furent immortalisées par maintes cartes postales.

Porteurs d'eau, garçons de bain, bougnats et cafetiers auvergnats

Chaudronniers renommés, passés de la ferronnerie à la ferraille et de la migration saisonnière à l'installation définitive au cœur du quartier de la Bastille, les Auvergnats exerçaient leurs talents à Paris dès le XVIIIe siècle. Les gars du Puy-de-Dôme et de la Haute-Loire, rapidement rejoints par les Cantaliens, furent suivis des Aveyronnais. Cette population, qui débarquait généralement sans autre capital que sa ténacité et la force de ses bras, dut faire preuve d'inventivité pour s'insérer dans la capitale, où elle exerça, non sans succès, les métiers les plus divers. À côté de ces fameux ferrailleurs originaires de la vallée de la Jordanne ou d'Aurillac, il y eut les porteurs d'eau, les laitier nourrisseurs, les chiffonniers et autres raccommodeurs de porcelaine…

« On achète l'eau à Paris. Les fontaines publiques sont si rares et si mal entretenues qu'on a recours à la rivière ; aucune maison bourgeoise n'est pourvue d'eau assez abondamment. Vingt mille porteurs d'eau, du matin au soir, montent deux seaux pleins, depuis le premier jusqu'au septième étage, et

U Nº 38

△ Porteurs d'eau auvergnats. Suivant le capital dont ils disposaient pour s'équiper, certains porteurs d'eau possédaient une charrette attelée leur permettant de transporter l'eau dans un tonneau. La plupart se contentaient toutefois de deux seaux portés sur l'épaule, en équilibre sur un bâton – chacun compensant le poids de l'autre –, voire d'un unique récipient.

quelquefois par-delà : la voie d'eau coûte six liards ou deux sols. Quand le porteur d'eau est robuste, il fait environ trente voyages par jour », affirmait Louis-Sébastien Mercier dans son *Tableau de Paris* à la fin du XVIIIe siècle. La situation ne changea guère durant longtemps et le métier de porteur d'eau, qui ne requérait qu'un maigre investissement de base pour acquérir de quoi transporter l'eau – bretelles, tonneaux ou, pour les plus riches, un mulet traînant une carriole – de la fontaine aux acheteurs fut rapidement monopolisé par les Auvergnats. Très ancienne, la profession fut réglementée dès 1803 dans un souci d'hygiène : les tonneaux tirés à bras étaient immatriculés sous peine d'amende, et devaient être d'une propreté rigoureuse. Afin de s'assurer l'usage exclusif des fontaines, les Auvergnats s'y regroupaient continuellement, cherchant à en évincer les autres usagers. Ce n'était pas sans profit : d'après les observations de Maxime Du Camp, en 1870, le porteur payait 1 franc les 1 000 litres d'eau à la fontaine marchande et les revendait cinq fois plus cher. Vers 1860, le chiffre d'affaires d'un bon travailleur pouvait avoisiner les 700 000 francs par an. Avec son travail de forçat, il finissait par amasser une petite fortune… Tant et si bien que le prix d'un fonds de porteur d'eau n'avait rien à envier à celui d'un débit de vin ! Avec les travaux haussmanniens, et l'eau dans chaque immeuble, le chiffre annuel

redescendit à 40 000 francs en 1882. Mais nos Auvergnats étaient alors déjà en partie reconvertis en garçons de bains chauds, travail éreintant mais lucratif. Dans les quartiers riches, on aspirait à pouvoir se laver, mais les installations nécessaires faisaient défaut. C'est ici qu'intervint le garçon de bain – Marcelin Cazes, futur propriétaire de la brasserie Lipp, aurait, à ses débuts, exercé cette activité. Le livreur apportait la baignoire et l'eau bouillante, qu'il montait successivement chez son client ou sa cliente – sans en verser une goutte sur le parquet, s'il vous plaît ! –, et redescendait chercher l'eau froide dans la cour, afin que le bain soit à la température requise. Puis il patientait sur le palier, le temps de la toilette, avant de redescendre le tout avec le même soin. Cela ne dura qu'un temps. Lorsque l'eau courante gagna finalement la partie dans la capitale, la reconversion totale dans le charbon devint inévitable. Les Auvergnats, dont les ancêtres avaient voyagé en suivant le cours de l'Allier – où les gabares charriaient vers Paris le charbon de Brassac via le canal de Briare – puis la Seine, se lancèrent. Charbon et eau faisaient bon ménage : quand le commerce de l'une tendait à baisser en hiver, celui de l'autre augmentait, chauffage oblige. Et, début de l'ascension sociale, le charbonnier installait son fonds dans une petite boutique.

Ainsi naquit le bougnat, bientôt associé dans l'imagerie populaire à cet Auvergnat aux grosses moustaches et au fort accent auquel il doit son surnom – « bougnat » provenant de la déformation du mot « charbougnat », ou charbonnier. Le vin de Brioude suivait autrefois le même trajet que le charbon de Brassac ? Qu'à cela ne tienne, pourquoi ne pas ajouter celui-ci au commerce de celui-là ? L'eau se changea

△ Quand on n'avait pas la chance de posséder une boutique, on proposait sa marchandise au coin de la rue. Ici, le marchand de tonneaux. Si le tonnelier œuvrait dans quelque arrière-cour ou dans son atelier, le négoce du marchand de tonneaux consistait à racheter des barriques déjà utilisées et à les revendre avec quelque profit.

▷ **Précieuse indication du guide Baedeker de 1878, destinée aux touristes peu familiarisés avec les omnibus à impériale parisiens : « Il faudra se soutenir aux barres de fer, pour descendre à reculons et en commençant du pied droit, en mettant pied à terre, ne pas quitter immédiatement la barre, mais suivre un instant en courant la voiture en s'y tenant. » Mais attention sur l'impériale : les vêtements se salissent, et le vent qui soulève les jupes des dames chiffonne aussi leurs voilettes !**

Conducteur d'omnibus

en vin, le profit n'en fut que meilleur. Parfois, à ce négoce s'ajoutait celui du bois de chauffage, et les originaires de l'Aubrac contrôlèrent bientôt ces lucratifs fonds de commerce. Économisant, travaillant sans relâche, d'une solidarité sans faille avec les compatriotes nouveaux émigrants, la colonie auvergnate investit dans les cafés, les tabacs, les hôtels et les restaurants…

La capitale consommait du lait mais ne parvenait à en fournir ? Les ingénieux Auvergnats s'emparèrent du marché et devinrent laitiers nourrisseurs. Alors que Paris comportait encore de nombreux espaces verts inexploités, ils y firent paître des vaches dont le lait était ensuite livré aux amateurs. La première traite avait lieu avant l'aurore, afin de pouvoir effectuer une tournée vers 5 heures du matin, « l'heure du laitier ». Seconde traite et distribution dans l'après-midi. Le métier n'était pas de tout repos !

△ Le terrassier breton. « Autrefois, dans les familles bretonnes, explique Rolande Ollitrault, l'aîné restait à la ferme, le second allait dans la marine, le troisième était prêtre, et les autres, fallait qu'ils se débrouillent, alors ils montaient à Paris. Ceux-là, c'étaient des pauvres gens : ils pouvaient devenir ouvriers, bonnes à tout faire. Habitués au rude travail de la terre, bien des gars vont devenir terrassiers et construire des voies de chemin de fer. Réputés travailleurs, ils étaient bien vus de leurs patrons. Sur les chantiers, ils se retrouvaient entre pays, toujours solidaires. Aujourd'hui, c'est le contraire : les Bretons qui viennent à Paris sont tous diplômés… »

Conducteurs d'omnibus ariégeois

S'ils ne furent pas exclusivement employés par la Compagnie générale des omnibus, bien des Ariégeois y exercèrent toutefois leurs talents de conducteurs de chevaux. En effet, la traction hippomobile domina les transports en communs jusqu'à la veille de la Première Guerre mondiale, et omnibus comme tramways furent longtemps tirés par des chevaux. Vers 1900, la Compagnie générale possédait 4 000 voitures et une cavalerie comptant 16 000 chevaux. Le prix du billet était alors de 15 centimes sur l'impériale, et il fallait compter le double pour voyager à l'intérieur. Le premier omnibus automobile – bientôt appelé autobus – commença à rouler en 1906. Il ne faudra que sept ans à cette nouvelle race de véhicule pour mettre fin au règne du cheval, qu'achève la Première Guerre mondiale. C'est la fin du crottin dans les rues, dont l'odeur incommodait tant les Parisiens.

Terrassiers bretons du métro parisien

Sous la direction d'un des leurs, l'ingénieur Fulgence Bienvenüe, nombreux sont les Bretons qui, manœuvres ou terrassiers, ont contribué à la construction du métro parisien. Après avoir largement œuvré sur les chantiers des voies de chemin de fer, et construit la ligne reliant Paris à Saint-Germain-en-Laye, les voici aux prises avec les gigantesques travaux du métro parisien. Entamée en 1898, la première ligne du métropolitain – reliant la porte Maillot à la porte de Vincennes – fut inaugurée comme prévu, à l'occasion de l'Exposition universelle de 1900. Dans la foulée, des chantiers sont ouverts partout dans Paris afin d'évacuer quotidiennement du sous-sol parisien des milliers de mètres cubes de déblais. Il est difficile de se représenter aujourd'hui le visage de la capitale durant cette période qui durera jusqu'à la veille de la Première Guerre mondiale – tous ses quartiers défigurés par les trous, les tranchées, les tas de terre et les grues –, les efforts des terrassiers œuvrant jour et nuit, et les trésors d'ingéniosité déployés par Fulgence

▷ **Maçons creusois devant leur sommaire échafaudage. L'installation de ce dernier relevait de leur responsabilité : en cas d'accident, aucun recours n'était possible.**

Bienvenüe pour surmonter les obstacles rencontrés. En particulier, la construction de la ligne 4, la première à traverser la Seine, tiendra véritablement de l'exploit. Aujourd'hui encore, bien des Bretons travaillent à la SNCF – notamment à la gare Montparnasse – et à la RATP.

Maçons creusois

C'est au XVIIe siècle que les Creusois découvrirent qu'en se faisant maçons ils pouvaient rapporter au pays ce qui y manquait cruellement : l'argent – dans les campagnes, peu de monnaie circulait, tout fonctionnant encore, et cela dura longtemps, sous forme de troc ou d'échange de services. Lorsque, en 1628, Richelieu fit bâtir la digue du siège de La Rochelle, la Marche (c'est-à-dire la Creuse d'aujourd'hui) fournit une grande partie de la main-d'œuvre. Dès lors commença la spécialisation de ces Limousins dans les métiers du bâtiment, qui ne tarderait pas à les conduire périodiquement, dès l'âge de quatorze ans, sur les rudes chantiers de la capitale, où ils acquirent une réputation de travailleurs sérieux et appliqués.

△ Après avoir allaité le nourrisson qui lui était confié, pour lequel il lui avait fallu abandonner son enfant au pays, la nourrice continuait parfois de lui prodiguer ses soins pendant plusieurs années. Elle devenait alors une « nourrice sèche », cette nounou si importante dans la vie de l'enfant et dont la plus célèbre reste bel et bien celle de Loulotte de Grand-Air, une certaine Annaïck Labornez… alias Bécassine, née à Clocher-les-Bécasses, du côté de Quimper.

Nourrices morvandelles et bretonnes

En règle générale, la citadine bien née n'allaitait pas ses enfants. C'est principalement dans le Morvan que les riches Parisiens vinrent longtemps chercher des nounous dont la santé et le lait étaient renommés. Une véritable « industrie nourricière » s'est ainsi développée, tout au long du XIXe siècle, entre la capitale et cette région pauvre où tant de jeunes mères abandonnèrent leurs nourrissons dès leur naissance pour monter allaiter les petits Parisiens de la bonne société. À l'époque, plus de la moitié des nourrices actives à Paris étaient morvandelles. Cet exil volontaire, souvent critiqué au pays, permettait pourtant à ces jeunes femmes de gagner de quoi soutenir leur famille impécunieuse. De cette époque, dit-on, date l'abandon des toitures en chaume si dangereuses mais peu coûteuses, pour des couvertures en ardoise.

Autant que la Morvandelle, la Bretonne, réputée saine et vigoureuse, était recrutée pour venir offrir son lait et prodiguer ses soins aux bébés parisiens. Un véritable marché se mit en place, et des agences spécialisées se chargèrent de recruter au pays, dès l'accouchement, les jeunes mères originaires du Morbihan ou des Côtes-du-Nord. Cette activité se révélait fort lucrative, car, comme le constate en 1894 un vicaire dont la paroisse semble particulièrement touchée par ce « fléau » : « Elles gagnent 800 à 900 francs par an […]. Plusieurs sont ainsi attirées par la bonne chère et la vie de grande maison qu'elles trouvent en échange de leur situation toute de fatigue et de privation. » À Paris, les nourrices portaient un bonnet tuyauté avec des rubans dans le dos, dont la taille était révélatrice : leur longueur indiquait la richesse de la maison pour laquelle elles travaillaient. À la même époque, en Bretagne, si le salaire journalier de l'homme était d'un franc, celui de la femme lui était inférieur d'un tiers. Une fois son Parisien sevré, la nourrice rentrait au village dans l'espoir d'une nouvelle grossesse… qui lui permettrait de retrouver une

1900. Nourrices à Paris au jardin des Tuileries.

△ Au jardin des Tuileries, nourrices morvandelles et bretonnes vers 1895. Pour ces exilées, le jeu en valait la chandelle : plusieurs saisons les dotaient d'un capital favorisant l'accès à la propriété – ces fameuses « maisons de lait », comme on les appelait alors au pays. Elles revenaient également métamorphosées par le contact policé de la vie parisienne : suivant une anecdote morvandelle, on reconnaît aujourd'hui une famille ayant autrefois fourni l'une de ces nourrices « sur lieu » quand une tasse de thé est offerte au visiteur, et non le bol de café traditionnel.

nouvelle place dans la capitale. Au cours de sa carrière, une nourrice pouvait ainsi allaiter une quinzaine de bébés, voire plus, abandonnant autant d'enfants derrière elle. La mortalité infantile fut hélas considérable en Bretagne, durant toute cette période. Qu'importe. Leur séjour au village, paré d'atours citadins, tournait la tête de leurs compatriotes, qui n'avaient dès lors d'autre idée en tête que de tenter aussi leur chance à Paris. C'est ainsi qu'un nouveau trafic s'organisa vers la fin du XIXe siècle. Abusant de la naïveté des jeunes filles, des femmes d'apparence honnête mais payées à la commission – « 5 francs par tête dans le Morbihan, 3 francs seulement dans le Finistère », précise l'abbé Gautier, futur fondateur de la Mission bretonne à Paris –, entraient en contact avec elles au pays et leur promettaient une place de domestique ou de nourrice dans une famille de la bourgeoisie parisienne. Avec un salaire de 25 francs par mois et le voyage en train payé, la jeune fille hésitait rarement. Dès son arrivée à la gare Montparnasse, la malheureuse était prise en charge par un monsieur très gentil, habillé comme un prince, venu chercher sa « bonne à tout faire ». Voilà comment au début du XXe siècle, et jusqu'à leur fermeture dans les

années 1940, les maisons closes parisiennes recrutèrent les deux tiers de leurs pensionnaires, Bretonnes trop crédules, « filles soumises » malgré elles.
Ces fructueux arrangements ne cessèrent pas avec la loi Marthe Richard. Alors, dans les années 1950, pour protéger les jeunes Bretonnes fraîchement débarquées de leur pays natal, proies idéales des proxénètes, la Mission bretonne organisa des brigades d'accueil à l'arrivée des trains. L'abbé Gautier, alors aumônier de la Mission, réunissait des gars assez costauds pour intimider les marguolins… Et des affiches appelant à la méfiance furent placardées sur les quais de la gare Montparnasse.

Flotteurs de bois morvandiaux

Le flottage du bois pratiqué par les Morvandiaux fut l'objet d'un intense trafic fluvial vers les ports de Paris. En effet, du XVIe siècle jusqu'à l'orée du XXe siècle, le bois de chauffage de la capitale provenait essentiellement des grandes forêts du Morvan : organisé par un négociant parisien, le premier train de bois fut débarqué au quai des Célestins en 1547. Le système se perfectionna au cours des siècles. Il comportait diverses étapes, depuis « le petit flot » des bûches lancées au début de l'hiver jusqu'à l'arrivée de l'énorme train de bois dans la capitale à la fin de l'été, plusieurs mois plus tard. Au départ, des barrages artificiels constitués sur les rivières étaient libérés, et le bois coupé se voyait précipité dans ce courant à « bûches perdues » – certaines étaient bloquées en chemin par des obstacles naturels, mais des « cantonniers » postés aux endroits réputés difficiles relançaient alors leur course à l'aide de crocs. À Clamecy, sur l'Yonne, ou Vermenton, sur la Cure, avait ensuite lieu le rassemblement du bois : les bûches, marquées au départ, étaient alors triées, afin de constituer de gigantesques trains de bois. Enfin, ceux-ci étaient guidés jusqu'à Paris par le « flotteur », le responsable de l'acheminement, et ses aides. Il fallait deux semaines pour atteindre les ports de Bercy ou de Charenton, où les bûches étaient déchargées, puis séchées sur place. Les revendeurs parisiens prenaient alors le relais pour assurer leur distribution dans la capitale, tandis que les flotteurs morvandiaux regagnaient à pied leur pays. Au XXe siècle, le charbon et les transports par chemin de fer ou bateau mettront fin à ce commerce.

Marchands de vin et débardeurs bourguignons à Bercy

Située à cheval entre le pays d'oil et le pays d'oc, la Bourgogne a vu ses migrations également partagées entre Paris et Lyon – pour les Bourguignons résidant au sud de Dijon. Toutefois, des liens commerciaux unissent depuis l'Ancien Régime cette région et la capitale à travers le commerce du vin, en particulier celui de chablis. Transporté par voie de terre jusqu'à Auxerre, ce vin gagnait ensuite très aisément Paris par voie d'eau, suivant l'Yonne, puis la Seine. Là, des négociants parisiens s'occupaient de le commercialiser. On sait que le médecin de Louis XIV lui avait recommandé ce vin de Chablis, alors réputé pour la santé. Mais suivant une autre anecdote non moins fameuse, le premier entrepôt de Bercy – alors un modeste village – est lié au développement du commerce du vin de Bourgogne dans la capitale. Elle met en scène un certain Claude Bosse, vigneron mâconnais de son état, qui, ne parvenant à écouler sa production qu'avec difficulté dans son pays, décida de tenter sa chance à Paris. Ayant attelé une charrette à bœuf chargée de ses fûts, il mit un mois pour gagner la capitale. Homme d'une stature exceptionnelle, il eut peu après son arrivée la chance d'être remarqué par le roi, à l'occasion d'une messe à Versailles. Le souverain ne manqua pas de s'informer de l'identité du colosse, et demanda qu'on le lui présentât. Lors de cette entrevue inespérée, notre vigneron entretint Louis XIV

▽ Au cœur de la forêt du Morvan, près d'Arleuf, l'une des anciennes retenues d'eau servant de station de stockage du bois sur l'Yonne. Au XIXe siècle, cette rivière était pourvue en moyenne d'un étang, d'un barrage aménagé ou d'un port de stockage tous les 500 mètres à partir de la source de chacun de ses affluents. Les flotteurs morvandiaux suivaient l'acheminement du bois jusqu'à son arrivée à Paris.

de son vin, et ce dernier voulut le goûter. Le vin eut l'heur de lui plaire plus que ceux consommés d'ordinaire à la cour – les vins de Suresnes et de Beaugency – et le succès de M. Bosse fut ainsi assuré par l'engouement de chaque courtisan pour les vins du Mâconnais ! Claude Bosse s'étant établi marchand de vin de Bourgogne, il obtint d'ouvrir un entrepôt à Bercy – alors situé hors de Paris et donc exempté de l'octroi appliqué intra-muros. Il inaugurait ainsi trois siècles d'activité vinicole intense où les Bourguignons continuèrent de jouer un rôle primordial. Les fûts de vin étaient acheminés par bateaux jusqu'au quai de Bercy, puis déchargés par des débardeurs, dont beaucoup furent longtemps bourguignons, les négociants de cette région employant de préférence leurs compatriotes. Une fois dans les entrepôts, le vin était manipulé et mis en bouteilles. Au XIXe siècle, le négoce des entrepôts de Bercy est florissant. Mais dans les années 1960, « la mise en bouteilles au château » imaginée par les Bordelais sonne le glas des assemblages parfois douteux pratiqués dans les entrepôts, qui ne tardent pas à fermer peu à peu. Les rues de Pommard, Romanée et autres rappellent aujourd'hui l'histoire de ce quartier…

△ À Bercy, qui fut longtemps le premier port fluvial de vin en France, les barriques étaient déchargées par les débardeurs, souvent bourguignons, puis emmagasinées dans les entrepôts. « C'était quai de Bercy […] et les Maigret avaient devant eux une étrange ville […] où les maisons n'étaient pas des maisons mais des entrepôts de vin et où les noms sur les panneaux étaient les noms familiers qu'on voit sur les bouteilles. Il y avait des rues comme dans une vraie ville, des carrefours, des places, des avenues, et, au lieu d'autos, c'étaient des barriques de tout calibre qui les encombraient… » (Georges Simenon, *Maigret s'amuse*, 1957)

Le Sud-Ouest à Paris

Jeunes Basques joueurs de chistera devant le fronton de Paris, quai Saint-Exupéry, dans les années 1930.

Le **Pays basque** à Paris, un jeudi au trinquet

*« Ici, ils me charrient parce que je suis né à Boulogne.
Mon père était originaire de San Sebastián.
Il est monté à Paris en 1921, soi-disant pour chercher du travail… »*

L'Open international de pelote basque est une occasion de rencontrer la communauté basque de Paris, quai Saint-Exupéry, dans le trinquet Chiquito de Cambo. Entre deux matchs où les meilleurs joueurs de chaque spécialité rivalisent d'énergie et d'agilité, un petit groupe d'anciens joue au jeu des souvenirs dans la salle ensoleillée qui surplombe l'aire de jeu. L'accent du pays roule joyeusement. Pagaille, brouhaha et bonne humeur. Ici, les répliques fusent, on se coupe la parole. Et bien que chacun ait à cœur de contredire les autres, tous s'accordent sur le fond…

▽ *Paleta* ancienne, raquette remise au vainqueur du tournoi de 1924, et *pelota* de Xare. La pelote basque est encore fabriquée de façon artisanale. Son poids et sa taille varient légèrement suivant les disciplines, mais elle comporte toujours un noyau en gomme ou en latex entouré de fils de laine, le tout recouvert par deux peaux de cuir – autrefois de la peau de chien.

◁ Le *pilotari* Chiquito de Cambo, joueur légendaire de pelote basque, donna ses lettres de noblesse à la chistera – discipline nommée d'après le gant en osier tressé, long, creux et recourbé, qui permet d'envoyer la pelote avec plus de force que le petit gant utilisé auparavant. L'apparition de la chistera va transformer la pelote basque : dès lors, les frontons seront plus vastes et plus hauts. Le geste comporte désormais trois temps : un pour réceptionner la pelote, un pour la balancer à bout de bras dans un élan, et le dernier pour la relancer. Bien que les spécialistes reprochent au début le temps d'arrêt marqué à la réception et l'assimilent à une faute, la chistera, très spectaculaire, conquiert vite son public en Espagne, ou dans les stations balnéaires françaises de la Côte basque. D'abord réticents, et fidèles au petit gant ancien qu'ils nomment alors, par opposition, *yoko garbi* (« jeu pur »), les Basques du Nord se laisseront séduire à leur tour.

▷ Le fronton du quai Saint-Exupéry est inauguré pour les jeux Olympiques d'été que la capitale accueille en 1924. Dès lors, les Basques de Paris ont trouvé un lieu de ralliement, où chacun peut venir s'entraîner, avec la certitude d'y rencontrer des compatriotes.

▷▷ Avant la Première Guerre mondiale, un fronton existe déjà à Neuilly, rue de Longchamp. Les épreuves de pelote basque aux jeux Olympiques de 1900 s'y sont déroulées.

▽ À l'entrée du fronton qui porte son nom, le buste de Chiquito de Cambo. Joseph Apesteguy fut surnommé Chiquito de Cambo par Pepe Arrué, champion du monde de chistera, à qui il ravit ce titre sur le fronton de son village de Cambo-les-Bains. D'une agilité et d'une force peu communes, il était réputé pour manger comme quatre et boire sec… « Mais, prétendait-il, la moitié de ce que je mange, elle me passe dans les jambes ! »

Les Basques sont montés tardivement à Paris, dans le courant du xxe siècle. Auparavant, ils s'exilaient de préférence aux Amériques – en Californie, comme en Amérique latine, leurs colonies sont toujours vivaces. Au village, l'aîné héritait du bien. Quant aux nombreux frères et sœurs, il y en avait toujours un pour devenir prêtre ou religieuse, et les autres partaient chercher fortune ailleurs. Après la guerre d'Espagne, de nombreux Basques du Sud, comme on dit ici, se sont retrouvés à Paris. Les Basques du Nord ont suivi le mouvement, et la création de la Maison basque en 1953, rue Duban, au cœur du 16e arrondissement, a doté ce mouvement d'une structure associative, permettant d'accueillir et de loger ces émigrés, d'organiser des activités culturelles.

Parachutées dans ce quartier bourgeois, les jeunes filles ne tardaient pas à trouver une chambre de bonne, contre des gardes d'enfants ou des heures de ménage. Les Basques, réputés croyants, étaient aussi recherchés pour les emplois de bedeaux dans les grandes églises de la capitale. Mais au bout du compte, autant d'histoires que d'exils, bien diverses, avec un souvenir précis malgré les années passées : l'arrivée à Paris.

Pierre Aguerre

« C'était en 1958. Ma fiancée était à Paris, une Basque de Mendionde. Je suis monté la voir, et j'ai rencontré un copain d'école sur le pont de l'Alma. Il m'a demandé si je voulais venir travailler à Paris, comme menuisier. J'ai dit pourquoi pas. Je suis rentré à la maison, pour annoncer à ma mère que je m'installais à Paris. Et comme j'avais une tante en Amérique qui avait une chambre de bonne à

Tous les
JEUDIS
et DIMANCHES
rue de
Longchamp, 54
NEUILLY
PARTIES
DE
PELOTE BASQUE
DANS le PARC du CERCLE de St JAMES
RESTAURANT de St JAMES

△ Rosendo Aduriz et son *Hula Hoop*, posant devant le fronton, avec son père à droite sur la photo, et des amis basques espagnols montés à Paris vers 1930.

Neuilly, elle m'a prêté la chambre, et voilà. J'ai travaillé quatorze ans pour un patron. Quand il est parti à la retraite, j'ai acheté son fonds et je me suis mis à mon compte. »

Anne-Marie Hiriart

« Je suis arrivée à Paris le 31 octobre 1964, la veille de la messe de la Toussaint. C'était la coutume alors : tous les Basques se réunissaient à cette occasion dans la chapelle de l'Immaculée Conception, rue du Bac. Au début, une amie m'a hébergée dans sa chambre de bonne, sur un matelas pneumatique. J'avais un métier, j'étais comptable. Je suis allée passer une petite annonce au *Figaro*, en bas des Champs-Élysées. Dix jours après, j'avais une chambre chez des gens dont je gardais les enfants le soir, et dans la journée, je travaillais dans une caisse de retraite. J'y suis restée trois ans. Puis j'ai travaillé pour la menuiserie Biac. Je me suis mariée avec un Basque de Bilbao. Ses parents étaient des républicains, réfugiés en France après la guerre d'Espagne. On s'est rencontrés à Paris, à la pelote basque, en 1976. À l'époque, le dimanche, il y avait des compétitions du premier dimanche après Pâques jusqu'au 30 juin. Je tenais la caisse pour rendre service. Lui, il venait voir des matchs. »

Jean-Baptiste Arïztégui

« Je viens d'Espelette. Mes parents ne parlaient que le basque, et j'ai appris le français à l'école. Après le certificat d'études, si on voulait continuer, on allait au petit séminaire… ce que je n'ai pas fait. À vingt ans, je suis monté à Paris. Mes frères y étaient déjà. Ce que j'ai ressenti en arrivant ? Sincèrement ? Au pays, quand on faisait demi-tour, tout le monde le savait. Ici, non. Paris, c'était la liberté ! »

Lucien Bonnat

« J'ai été accueilli par mes frères, on était sept dans la famille et j'étais le dernier. Seul l'aîné est resté à la maison. C'était la mode à l'époque, de monter à Paris. Moi j'avais du boulot au pays, je travaillais dans le bâtiment. Mais je suis venu pour suivre mes frères. Je retournais au pays pour les congés annuels. »

Rosendo Aduriz

« Ici, ils me charrient parce que je suis né à Boulogne. Mon père était originaire de San Sebastián. Il est monté à Paris en 1921, soi-disant pour chercher du travail. Il était passé par la montagne, par Urrugne. Selon moi, il se débinait pour des questions politiques. Un de ses cousins était chef d'atelier chez Renault. Il s'est installé à Boulogne. Il a rencontré ma mère au fronton en 1924. C'était une Basque, originaire d'un tout petit village. Ils m'ont souvent emmené au pays, et mon père parlait basque à la maison. Si je me sens basque ? En 1950, quand on a pu retourner en Espagne, le garde civil a regardé mon passeport, et quand il a vu mon nom, il m'a demandé si j'étais basque. Je lui ai dit : « Je sais pas : je suis né à Paris, j'ai fait mes études à Paris, et je travaille en France. » Bref, même si on ne veut pas, quand on a un nom basque, on est basque. »

Michel Goyenetche

« Quand je suis arrivé, un ami est venu me chercher à la gare. Heureusement, parce que je débarquais de mon bled, et j'étais complètement ébahi. On a pris le métro, et heureusement que ce copain était là… Tout seul, je sais pas comment j'aurais fait. Généralement, les nouveaux venus allaient à la Maison basque : il y avait un célibatorium pour les filles, et un pour les gars. En 1963, on vous logeait six mois. Après il fallait se débrouiller tout seul. Moi je n'y ai pas vécu, mais je fréquentais leur foyer le dimanche, pour rencontrer des gens du pays. Si je peux vous citer des Basques célèbres, à part Luis Mariano ? Autrefois, j'ai joué avec Courrèges. Il pratiquait la pelote, mais c'était un Béarnais. Ah oui, Darry Cowl, j'ai joué souvent avec lui aussi… »

▽ Complicité de Rosendo Aduriz et de Marc Etcheberrigaray, ancien champion de paleta pelote de cuir, une spécialité rapide et agréable dont les Espagnols revendiquent la paternité. Marc est désormais aux commandes du trinquet Chiquito de Cambo.

Pampi Goyheneche,
fondateur de la menuiserie Biac

« Je n'ai pas pu apprendre le français comme il faut : j'ai quitté l'école à onze ans. Aujourd'hui encore, je le parle, mais je ne sais pas l'écrire… »

△ Pampi travaillant sur une charpente à Saint-Rémy-lès-Chevreuse, peu après son arrivée à Paris.

« J'ai perdu mon père à quatre ans. Ma mère est restée seule, veuve avec cinq gosses. On était métayers, alors on devait donner la moitié de notre récolte au propriétaire. On était une des familles les plus misérables qui existaient. Plus misérable, on peut pas. C'était en 1934. Chez nous, il n'y avait pas un centime, nulle part. Même pour enterrer mon père, le curé a voulu qu'on paie tout de suite. Parce que les curés, c'étaient de sacrés loups à l'époque, c'était eux qui tenaient le monde ! Ma mère n'avait jamais été instruite, on ne parlait que le basque à la maison. Quand je suis arrivé à l'école, je ne connaissais pas un mot de français, c'était embarrassant… D'ailleurs je n'ai pas pu apprendre comme il faut : j'ai quitté l'école à onze ans. Aujourd'hui encore, je le parle, mais je ne sais pas l'écrire. Après l'école primaire, impossible d'aller au collège : c'était à 12 km de chez nous, à Hasparren, et il n'y avait aucun moyen de transport. Alors je suis resté à la métairie.

Quand j'ai eu vingt ans, je ne savais pas quoi faire. Je suis parti à Lourdes. Il y avait de la demande dans l'hôtellerie pour employer les Basques. Finalement, après quatre ans, j'ai rencontré un gars. Il m'a dit que je devais apprendre un métier à tout prix. Un métier ? J'avais déjà vingt-quatre ans, et à l'époque, un métier, ça s'apprenait à quatorze ans. Mais il a insisté. À Bayonne, ils avaient fondé un centre de formation pour adultes où on apprenait les métiers du bâtiment : maçon, carreleur, menuisier… Je suis rentré là, j'ai étudié la charpente en bois et la menuiserie. Et de là, un monsieur est descendu de Paris pour nous dire qu'il y avait du boulot pour nous dans la capitale…

En 1954, me voilà à Paris. Je fais la connaissance de mon futur associé, un gars de Sare, à la Maison basque. Avec lui, on a créé une entreprise à Boulogne, en 1959, la menuiserie Biac. On employait une cinquantaine d'ouvriers, des Basques. Je les recrutais au centre de formation accélérée de Bayonne. Le directeur me conseillait les jeunes qui avaient une bonne mentalité. On a marché comme ça pendant quarante ans. On travaillait sur Paris, et pour la régie Renault, tout à côté. »

◁ **Pampi, avec la photographie de ses parents, basques tous les deux, et ne parlant pas le français. Lui-même s'est marié avec une Basque originaire de Zugarramurdi, rencontrée à la Maison basque de Paris, où elle était gardienne. « On a eu deux enfants. Ma fille est professeur, elle est retournée au pays. Mon fils aussi. Il travaille à la télé, pour France 3 Aquitaine. Il donne les nouvelles au journal du soir, en basque. Ils sont nés à Paris, mais ils parlent basque tous les deux. »**

▽ **La maison où vivait la famille Goyheneche. D'après la légende locale, lors de son passage au Pays basque au début de la guerre d'indépendance espagnole, Napoléon serait entré dans cette maison à cheval, et en aurait gravi l'escalier sans mettre pied à terre.**

MON
ALBUM

La reine des Gascons de Paris

Jacqueline a conservé onze ans sa couronne de reine des Gascons de Paris ! Après quoi, l'association l'a nommée ambassadrice.

Jacqueline, la reine des Gascons de Paris, est née à Marseille… par accident ! C'était la guerre et l'Orchestre national de France, où jouait son père, Henri Arqué, résidait alors dans cette ville. Heureusement, peu après, l'orchestre se retrouva à Toulouse, alors en zone libre, et le bébé à Gimont, patrie de son père et terre gasconne. Le retour à Paris advint après la guerre. Notre future reine y fit ses premiers pas. La reine des Gascons n'est pas 100 % gasconne : sa mère, Madeleine, était venue de Manchester à Paris à l'âge de sept ans, avec miss Bluebell, laquelle fondait alors sa troupe de danseuses. Élevée dans une pension anglaise de la capitale, Madeleine avait grandi dans une sorte d'enclave britannique : elle ne parlait pas un mot de français. C'est d'ailleurs pour cela que, à vingt-sept ans, elle rencontra Henri Arqué, son futur Gascon de mari, alors musicien dans l'orchestre du Casino de Paris. L'anecdote mérite le détour, car cette histoire d'amour commence par une blague – à tout seigneur, tout honneur : les Gascons sont réputés blagueurs et beaux parleurs.

◁ Jacqueline Maschlin, aujourd'hui vice-présidente des Gascons de Paris, nous ouvre son album de souvenirs.

△ Deux Bluebell Girls : Madeleine et sa sœur avaient réussi le casting où elles s'étaient rendues pour accompagner leur sœur aînée, recalée. Deux impératifs pour séduire miss Bluebell : avoir de longues jambes… et quelques connaissances en danse.

▷ « La famille en costume du pays : dès sept ans, Béatrice, notre fille, a été incorporée au groupe folklorique, habillée en petite Gasconne. Et tous les trois nous avons représenté la Gascogne jusqu'au Japon… »

▽ Le père de Jacqueline, Henri Arqué, au trombone. « Mon père était très fier de ses racines. D'ailleurs, il a composé la chanson des Gascons de Paris :

Nous descendons de d'Artagnan !
De la Baïse à la Garonne,
Chantons gaiement ! Chantons gaiement !
C'est le pays des gastronomes,
Du confit d'oie, du Madiran,
Entre l'Adour et la Gimone,
De l'Armagnac et du Tursan !

J'ai déserté le pays de mes rêves
Pour végéter dans des villes d'ennui.
Mon seul espoir, c'est que bientôt se lève
Le jour béni qui chassera ma nuit !…
Ce jour venu, en fermant mes bagages,
Et fredonnant ce refrain de mon cœur,
Je m'en irai, pour un dernier voyage,
Vers ma Gascogne, au pays du bonheur !… »
(Paroles de N. Rousseau / Musique de H. Arqué)

En cette fin d'année, miss Bluebell veut offrir un magnifique sac en crocodile à chacune de ses danseuses, devant les spectateurs. La surprise ayant été éventée, les danseuses, incapables d'exprimer leur gratitude en français, se désespèrent, quand un musicien de l'orchestre, Henri Arqué, Gascon de son état, propose à Madeleine de composer un compliment qu'elle s'empresse d'apprendre à ses camarades. Le moment venu, toutes les danseuses récitent en chœur, innocemment, leur couplet joliment troussé, lequel se termine ainsi : « Et nous vous emmerdons, madame Voltaire ! » Fou rire dans la salle, stupeur de miss Bluebell, confusion des Bluebell Girls. Madeleine n'est pas rancunière. L'humour la rapproche de son Gascon…
Henri a étudié au conservatoire de Toulouse en est sorti avec un premier prix qui l'a propulsé à Paris, où il a décroché un nouveau premier prix de trombone ténor, au Conservatoire national, en 1931. Début de la vie d'artiste, ou comment, encore une fois, un Gascon conquiert la capitale… Hébergé à Paris par un couple d'amis gascons, il n'en fait qu'à sa tête. Ce qui ne l'empêche pas de réussir le concours d'entrée dans l'Orchestre national de France, tout juste créé. En bon Gascon qui se respecte, Henri fait preuve d'indépendance, il n'a guère de contact avec la communauté gersoise parisienne. Après son mariage avec Madeleine, sa famille vit à Paris, et lui, il part jouer dans le monde entier. « Toutefois, se souvient Jacqueline, c'était un vrai

Gascon, et fier de l'être. Nous retournions à Gimont passer toutes nos vacances. On faisait le voyage en voiture. Et à chaque fois que l'on arrivait devant le panneau indiquant le département du Gers, mon père s'écriait : "Respirez comme ça sent bon !" Il y avait un tombereau rempli de moût de vin qui puait pile à cet endroit, mais lui, il s'en fichait, il était heureux, c'était son pays. Quand il était à Gimont, il lui fallait une heure pour faire 300 m : il parlait avec tout le monde. »

À la mort de sa mère, Jacqueline n'a que dix-huit ans. Est-ce pour lui changer les idées ? Son père renoue soudain avec Paul Bacon, ministre du Travail de l'époque, originaire de Gimont lui aussi et président de l'association Les Gascons de Paris. Ce dernier les convie à un apéritif réunissant ces Gascons exilés. « Nous y sommes allés, et c'est ainsi que je suis tombée dans les griffes de Mme Foucard », raconte Jacqueline avec malice. Mme Foucard est alors vice-présidente de l'association. En découvrant Jacqueline, elle a le sentiment d'avoir enfin déniché la jolie petite Gasconne de ses rêves. En deux temps trois mouvements, voici Jacqueline reine des Gascons de Paris… Pour un certain temps, car elle

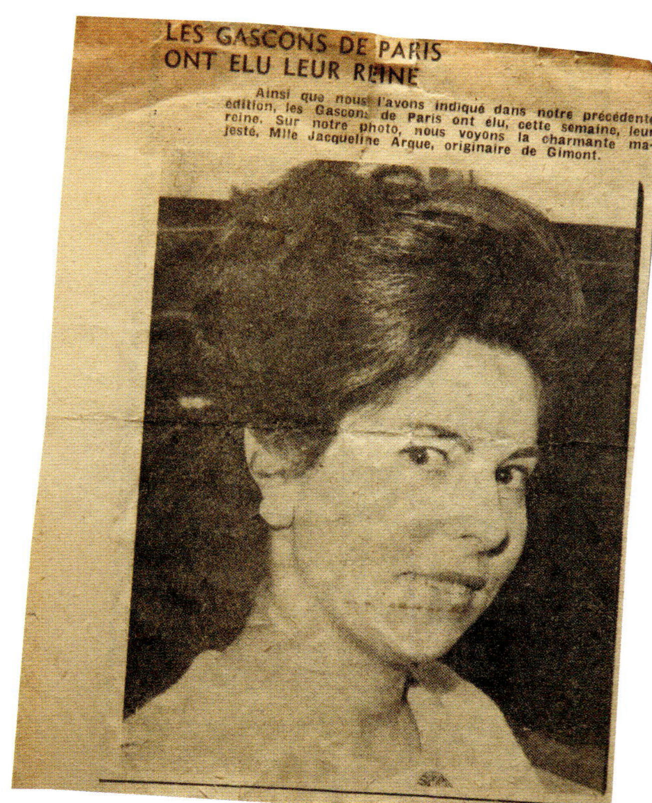

LES GASCONS DE PARIS ONT ELU LEUR REINE

Ainsi que nous l'avons indiqué dans notre précédente édition, les Gascons de Paris ont élu, cette semaine, leur reine. Sur notre photo, nous voyons la charmante majesté, Mlle Jacqueline Arque, originaire de Gimont.

△ « Me voici enfin en costume gascon. Dans les détails : panty ouvert, pour pouvoir aller aux toilettes dans la rue ; jupon blanc, plus un deuxième jupon rayé dans les coloris de la jupe en laine (en hiver, on porte le jupon de laine et en été, celui de coton) ; chemisier qui servait à la fois de chemisier, de jupon et de chemise de nuit ; jupe rayée de couleurs différentes en fonction de l'âge, qui fait 5 m de tour et nécessite un plissage à gaudron (pour mettre tant de tissu sur 50 cm de taille). C'est très lourd à porter. Ensuite, on met un tablier, grand et bien enveloppant pour prouver qu'on travaille. Le petit tablier indique qu'on ne travaille pas, et ça, c'est mauvais signe ! Ensuite le casabé : corselet de lainage à manches longues l'hiver et courtes l'été. Ensuite un madras et un chapeau de paille, blanc à Toulouse et noir en Gascogne. Quand on va aux champs, on retrousse sa jupe pour ne pas la salir. Sur la tête, le madras peut être noué à gauche : cœur à prendre. À droite : cœur pris ! »

conservera onze ans sa couronne ! Après quoi, l'association la nomme ambassadrice.

En 1968, Jacqueline entre dans un groupe folklorique, Les Toulousains à Paris, et, pour la première fois, porte un vrai costume gascon. Elle y rencontre son mari, qui est d'abord son porteur de valise. Après leur mariage, ils poursuivent une carrière dans le folklore, allant jusqu'à créer leur propre groupe, Lou Gascoun. Aujourd'hui, tous deux sont revenus aux racines de leur engagement, et s'occupent avec énergie des Gascons de Paris. Cette association a été créée par Pierre Dumont en 1954. Bien tardivement, si l'on songe qu'au XVIIe siècle déjà, les jeunes Gascons montaient chercher fortune à Paris, avec pour tout bagage leur courage et leur insolence. Mais, après tout, les régiments formés à Paris par ces cadets de Gascogne, et que Charles de Batz, alias d'Artagnan, ou la figure de Cyrano de Bergerac ont rendus célèbres, étaient ces associations avant l'heure, où déjà l'on vivait entre soi, comme au pays, parlant gascon – c'est-à-dire ni français, ni occitan. La langue, c'est ce qui fait depuis toujours l'unité de la Gascogne, cette région si diverse, prise dans la courbe de la Garonne, de Bordeaux jusqu'à l'Ariège et les Pyrénées. « La période des cadets de Gascogne fut le moment historique important de notre région, sourit Jacqueline. Après, aux XIXe et XXe siècles, les Gascons sont montés à Paris comme fonctionnaires : instituteurs, postiers, employés à la SNCF ou aux douanes. Pour un paysan, devenir fonctionnaire, c'était le top. Sauf qu'ils espéraient être nommés dans le Sud-Ouest, et voilà qu'ils se retrouvaient parachutés à Paris. Ensuite, ils essayaient désespérément d'obtenir leur mutation pour revenir chez eux. »

◁▽ ET △ **En 1965, Jacqueline devient la reine des Gascons de Paris.** « Me voici le jour de l'élection avec mes dauphines et Mme Foucard, à droite sur la photo. Pour l'occasion, elle m'avait fourni un costume des plus fantaisiste. Rien à voir avec le costume gascon : jupe en tissu provençal, avec sur la tête une charlotte en nylon… Rien d'authentique ! »

◁△ « Pendant les onze ans qu'a duré mon "règne", à chaque fois qu'il y avait une manifestation, j'étais réquisitionnée pour représenter la Gascogne ! Ici, je participe à l'hommage des Gascons de Paris au soldat inconnu en signant le livre d'or. »

Le premier **échassier landais** de Paris

Jacques Darracq, président de l'Amicale des Landais de Paris, son frère Alain, adhérent, et André, le plus ancien échassier de l'Amicale, ouvrent les portes de leur maison landaise, nichée au cœur du 18e arrondissement.

L'Amicale des Landais de Paris a été fondée en 1898 par un groupe de notables du pays vivant dans la capitale, dont le député Théodore Denis, l'avocat à la cour Edmond Poeymirau et autres Parisiens d'adoption. Le siège est alors situé boulevard Bonne-Nouvelle. Leur but était « de rester en relation et de se prêter mutuellement assistance et appui moral ». Un millier de familles landaises adhèrent rapidement. Ils sont 1 320 en 1930. Après guerre, c'est le plein boum de l'émigration landaise vers la capitale. L'Amicale s'agrandit encore ! Il y a alors beaucoup de Landais à Paris. Les gens ne peuvent rentrer au pays régulièrement – c'est trop loin, et trop cher – et ils retrouvent une ambiance festive au sein de l'association. Section théâtrale, création du groupe folklorique mêlant échassiers et danseurs à pied, chorale, bals, sorties… Les activités et les initiatives se multiplient. Non des moindres, l'organisation du retour au pays des jeunes à l'occasion des vacances scolaires.

◁ « Au départ, les échasses étaient utilisées par les bergers pour mieux surveiller les troupeaux, explique Jacques Darracq. Et puis, avec ça aux pieds, on avançait plus vite. Les échasses étaient petites à l'époque, on était à 50 cm du sol. Mais le folklore a dénaturé ça : maintenant, les échasses toisent à 1,20 m. Pour clôturer nos défilés, nous utilisons même des paires d'1,60 m ! Elles sont en orme, un bois léger et très solide. Il faut trois mois d'entraînement pour réussir à tenir dessus. »

△ Dans les années 1960, les enfants des Landais de Paris partent en colonie de vacances grâce à l'Amicale. « Aujourd'hui, on y retrouve des gens avec qui on était en colo autrefois, confient Jacques et Alain Darracq. On y allait jusqu'à quinze ans, puis on entrait ensemble au groupe d'échassiers. »

△▷ « Nos échasses ont voyagé un peu partout dans le monde, en Chine, aux USA, en Allemagne… Au Japon, on a fait un tabac. »

▷ Novembre 1970 : défilé des échassiers sur les Champs-Élysées. « Notre groupe s'est véritablement créé en 1950, racontent Jacques et Alain Darracq. Au début, il n'y avait que des hommes, mais nous avons été les premiers à mettre des femmes sur échasses : du coup, les Landais du pays nous ont copiés. »

Jacques Darracq, président de l'Amicale des Landais de Paris

« Les Landes, on y retournait souvent parce que l'Amicale mettait en place des voyages à prix réduit à Noël, à Pâques, et aux grandes vacances pour les enfants des adhérents. On prenait le train à Austerlitz, les accompagnateurs étaient des gens de l'Amicale. On allait jusqu'à Dax. Après, il fallait de la famille au pays pour accueillir les gosses. Dans les années 1960, il y avait du monde. Ces trains étaient des express… qui s'arrêtaient partout, dans toutes les gares : on partait à 22 heures, on arrivait à 6 heures du matin. Pour les pauvres responsables, c'était un cauchemar ! Mais nous, les enfants, on s'amusait bien. Et le point d'orgue de l'année, c'était la colonie de vacances, à Seignosse : trois semaines au bord de la mer… De sept à quatorze ans, on y est tous passés. C'était subventionné par l'Amicale en fonction du revenu des familles. L'ambiance était vraiment sociale dans ces années-là… Et M. Coudroy, qui accompagnait les enfants, supervisait tout, distribuait les draps et les serviettes de toilette, et il raccompagnait tout le monde à Paris à la fin ! »

Le mimosa des Landes à la conquête de Paris

Avec les bandas, les échassiers et les écarteurs

LES Landes seront à Paris en cette fin de semaine marquée par plusieurs manifestations touristique, économique et sportive de portée internationale. En fait, les Landais partent à la conquête de la capitale et leurs troupes lancées à l'assaut pacifique de Paris rassemblent l'élite de leurs représentants. En tête, la banda Los Calientes de Dax et la société musicale de Parentis-en-Born donneront le ton et feront régner l'ambiance au son des rythmes trépidants. Viendront ensuite les échassiers landais, dépositaires des vieilles traditions folkloriques, suivis des écarteurs, lesquels présenteront aux Parisiens un troupeau de vaches landaises au cours de deux galas tauromachiques. Et, par dessus tout ça, le mimosa, symbole des Landes et de la douceur de vivre, sera partout présent. Ses gerbes d'or seront au palais des congrès à la porte Maillot, à l'Hôtel de ville de Paris, à l'Opéra, porte de la Villette, au siège de la F.F.R., à la télévision, à la tour Eiffel et enfin au parc des Princes, à l'occasion de France-Irlande de rugby, en hommage au quinze de France et à son valeureux capitaine Bastiat, Landais de surcroît.

Fleurir Paris de mimosa

Les Landes sont déjà dans la place. Comme le cheval de Troie, les Landais de Paris, une association dynamique s'il en est, occupe le terrain et organise activement l'arrivée de leurs compatriotes. Ceux-ci, à l'initiative du Comité du tourisme de la Côte d'Argent, et des Grands Lacs Landais, ont préparé et programmé soigneusement leur expédition, forts d'une première expérience baptisée « le Printemps landais à Paris » tentée avec succès en mars 1976 à l'occasion de France-Angleterre de rugby.

La campagne 1978 aura une beaucoup plus grande ampleur que sa précédente. Organisée pour favoriser le tourisme dans les Landes, elle a pour ambition de fleurir Paris de mimosa durant trois jours de façon à ce que les Parisiens soient, en quelque sorte, contraints de penser « Landes » à tous propos, parce que les Landais seront partout, avec leurs rythmes, leur folklore et leur mimosa, là où il faut être en cette fin de semaine fertile en événements.

Un programme ambitieux

Partis dans la nuit, de Mimizan, Parentis, Biscarrosse, Sanguinet et autres lieux, les Landais arriveront à Paris jeudi 16 février, vers midi. Après qu'ils se seront installés, ils prendront contact avec les Landais de Paris et partiront en reconnaissance sur les lieux des manifestations prévues.

Dans la journée de jeudi, des camions chargés du mimosa fraîchement cueilli à Mimizan et Biscarrosse prendront la direction de la capitale. Le même jour, le troupeau de la ganaderia Deyris fera le voyage d'Amou à Paris pour être à pied d'œuvre vendredi.

Durant trois jours, de vendredi à dimanche, les Landais investiront Paris de toutes parts. Ils seront au palais des congrès où ils animeront et fleuriront de mimosa les stands d'Aquitaine à la semaine mondiale du tourisme. Réception à l'Hôtel de ville de Paris, fleurissement du quartier de l'Opéra, des Champs-Elysées avec le concours du petit train des Landes qui remontera la plus belle avenue du monde en direction de l'Etoile, escorté par les échassiers et les écarteurs, courses de vaches landaises à la Villette et sous la tour Eiffel, animation et fleurissement du parc des Princes avant le match et à la mi-temps de France-Irlande, gastronomie enfin avec un buffet campagnard dont la préparation a été confiée au grand chef landais Bernard Cousseau de Magescq et au maître fromager parisien Quentin, telles sont les principales facettes de l'ambitieux programme inscrit sur les tablettes des conquérants landais. Et, pour mieux séduire les Parisiens, le mimosa des Landes sera partout distribué avec le sourire sur le fond sonore des bandas…

« Les Landes à Paris » une opération séduction de grand style et de grande envergure dont tous les Landais seront fiers et qui, à plus ou moins longue échéance, devrait avoir des « retombées touristiques » importantes que chacun, au pays, saura apprécier comme il convient.

J.-Ch. D.

NOS PHOTOS. — **Les échassiers landais et le petit train des Landes à l' Arc de Triomphe.**

(Photo « Sud-Ouest ».)

Les organisateurs de l'expédition 1978 au cours d'une réu-

Alain Darracq, adhérent

« Je suis l'aîné de quatre enfants, dont deux nés près de Dax et deux à Paris. Mon père était militaire. À son retour d'Indochine, il est revenu nous chercher dans les Landes, maman, mon frère et moi. On est arrivés dans la capitale en 1955, j'avais cinq ans. Depuis, j'habite à Asnières. Jacques est né à Paris, mais il est aussi landais que moi ! Papa était garde républicain. Il y avait beaucoup de Landais à l'époque dans ce corps. On pouvait y accéder facilement. En 1980, quand mon père a pris sa retraite, mes parents sont retournés au pays, près de Peyrehorade. Quant à moi,

je n'ai pas quitté la région parisienne, même si je repars souvent dans les Landes. Dans notre amicale, il y a eu quelques mariages. Ma sœur a trouvé son Landais, elle vit désormais dans les Landes. Moi je cherche encore ma Landaise, et je suis sûr qu'elle me cherche aussi ! »

André, vétéran des échassiers landais de Paris

« Je suis arrivé à Paris en juin 1946 après l'armée pour chercher du travail, n'ayant rien trouvé dans le Sud-Ouest. J'avais vingt ans. Mon père était charron carrossier à Samadet – il avait fait le tour de France comme compagnon et s'était trouvé à Paris en 1910, au moment des grandes inondations. Nous étions cinq enfants ; évidemment, c'est l'aîné qui est resté à Samadet. Nous autres, on s'est débrouillés comme on a pu, et moi j'ai choisi Paris. Comme j'avais un CAP d'ajusteur, j'ai été embauché chez Simca à Nanterre. Le plus compliqué, en arrivant dans la capitale à cette époque, c'était de trouver à se loger.

△ Jacques et Alain Darracq, les deux frères. L'un est né à Paris, l'autre au pays… Mais tous deux sont bel et bien landais.

▽ « En 1985 et 1986, on a organisé des courses landaises dans les arènes de Lutèce. Le lieu s'y prêtait bien. Au départ, la vache est un animal sauvage, qui apprend vite les feintes des écarteurs et des sauteurs… Une fois dans l'arène, attention ! La course, c'est un sacré sport. »

Comme son nom ne l'indique pas, le béret n'est pas l'apanage des Basques, mais doit son appellation à Napoléon III qui, séjournant à Biarritz, crut que cette coiffe était une invention locale. Il reste couramment porté dans tout le Sud-Ouest, et est curieusement devenu l'un des symboles de la France auprès des étrangers. Béarnais, Basques, Landais et Gascons de tout poil l'arborent fièrement à Paris, tel André, qui se prête ici au jeu de la chanson du béret.

On sortait de la guerre, Paris avait été bombardé, et les hôtels-restaurants ouvriers étaient combles. Une tante m'a hébergé quelque temps, jusqu'à ce que je déniche un logement aux Halles, sous les toits. Me voilà enfin installé, et j'étais bien content : dès que je suis arrivé, j'ai adoré Paris ! Évidemment, le pays me manquait un peu. Alors, en 1948, quand je suis tombé sur un monsieur qui collait une affiche pour un bal des Landais dans le 18e arrondissement, je l'ai interrogé. Il m'a dit : "Oh ! mais il faut venir aux Landais de Paris…" Et c'est comme ça que c'est parti.

La Chanson du béret

« Le Béarnais aime le mettre en pointe,
Le Basque, lui, le met sur l'occiput,
Et le Landais, sans reproche et sans crainte,
Le pose ainsi quand il veut dire "zut",
C'est tout petit mais c'est une merveille :
Pour réfléchir c'est ainsi qu'on le met,
Et pour crâner on l'accroche à l'oreille
Quel orateur ce coquin de béret ! »

Et c'est parti très fort, parce que Coudroy, le secrétaire de l'Amicale, m'a aussitôt perché sur des échasses. Moi, je suis de la Chalosse, dans le sud des Landes, et les échasses, chez moi, il n'y en a pas. Je n'en avais jamais vu. Je ne savais même pas que ça existait, ce truc-là, dans les Landes, avant d'arriver à Paris. Mais Coudroy, il avait de la suite dans les idées. Il a dégoté deux autres types : un de ses cousins, le photographe de l'Amicale, et un cordonnier venu à Paris chercher du boulot – et reconverti en charpentier. Tous les trois, on est devenus les échassiers de l'Amicale. On s'entraînait dans le préau de l'école où Coudroy était instituteur. La première fois qu'on a dansé, c'était à l'hôtel Lutétia. On n'était pas très fiers, parce que ça glissait : il n'y avait pas encore de caoutchouc sous les échasses alors. Heureusement, elles étaient moins lourdes que celles d'aujourd'hui, et moins hautes : on était seulement à 90 cm du sol. Après, le groupe s'est agrandi, on avait un succès incroyable. On animait des fêtes, au minimum un bal tous les mois. Parfois, on jouait aussi une mascarade de course de taureaux : moi, je faisais le toréador sur le cheval, les autres étaient dans le taureau, on s'amusait comme des fous, autant que le public, c'est certain… Et puis, et puis… J'ai connu ma femme dans un bal basque, je me suis marié, et j'ai dû abandonner mes échasses ! »

BYRRH

Le Nord-Ouest à Paris

L'ancien Ti Jos, l'une des premières crêperies bretonnes au cœur du quartier Montparnasse.

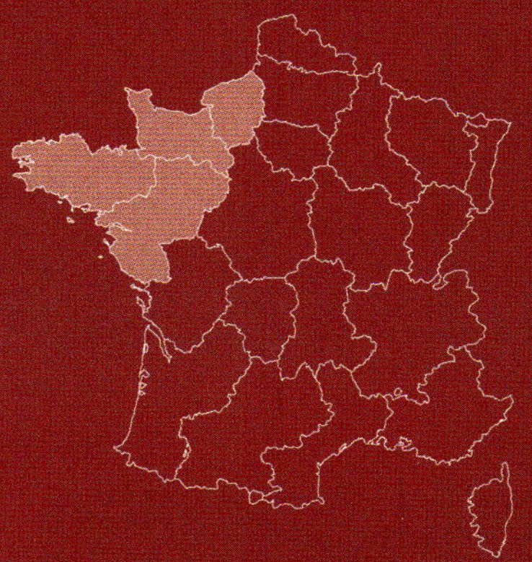

LIGNE 75 · ASN
8
11

Jacqueline, la danseuse du bocage vendéen

« Dans les années 1950, on a créé le groupe folklorique, auquel mon père et moi avons participé. Ce qui me vaut d'avoir aujourd'hui ma statue à La Roche-sur-Yon, à l'image de la danseuse du bocage. »

« Je suis née en Vendée, à Bazoges-en-Pareds, le 25 mars 1927 : maman, qui vivait alors déjà à Paris, était retournée accoucher chez sa mère. Quant à moi, j'ai toujours vécu à Paris, mais j'ai passé beaucoup de temps chez mes grands-parents. Plus tard, devenue enseignante, j'avais de longues vacances, je les passais au pays. Aujourd'hui j'y vis à mi-temps. Donc, oui, malgré toute une vie parisienne, je crois bien être une Vendéenne. »

◁◁ « Avant de passer le concours pour devenir inspecteur de police, mon père, à droite sur la photo, a travaillé comme conducteur de tramway pour la Société des transports en commun de la région parisienne, sur la ligne 75. »

◁ « Maman avec son renard sur les épaules, à la Défense, le 26 avril 1931. À voir ma mère, si élégante, on croirait une vraie Parisienne ! »

▷ « Henri Ouvrard, mon grand-père maternel, s'occupait de sa petite ferme en Vendée. Il était également le garde-chasse de la commune. Comme mon père était un bon fusil, tous deux partaient chasser dès qu'ils en avaient l'occasion. »

▽ « Ma Rosette, c'était la vache d'un de mes grands-oncles, elle avait été primée dans un concours en Vendée. C'est mon père qui a pris et développé la photographie. »

▽▷ « Voici la maison, où je suis née, à Bazoges, la ferme acquise par mon grand-père, où maman avait vécu depuis l'âge de sept ans jusqu'à son mariage. C'est ici qu'elle a rencontré papa. Enceinte, elle est revenue de Paris, un mois avant terme, pour accoucher auprès des siens. »

Au pays, le grand-père maternel de Jacqueline, Henri Ouvrard, travaillait comme roulier : il transportait de la chaux en voiture à cheval, apportant pierres calcaires et charbon jusqu'aux fours, puis rapportant la chaux. Lorsque l'activité des fours à chaux prit fin, vers 1910, il commença à chiner – autrement dit, acheter des œufs, des poulets et des lapins dans les fermes, puis les revendre au marché de Fontenay-le-Comte, tous les samedis. Finalement, il a pu acquérir une petite ferme, et quatre vaches. Sa femme tenait une épicerie dans sa maison, comme cela se faisait à l'époque : on y trouvait les bricoles indispensables quand on n'avait pas le temps de se rendre à la ville – bonbons ou pastilles, balais, savons, huile, café, vinaigre…

De tous les grands-parents de Jacqueline, seule la grand-mère paternelle, Marie Rondet, n'est pas née au pays, mais en Creuse. Toutefois, arrivée en Vendée avec sa famille à l'âge de trois ans, en 1864, lorsque son père vient s'y établir comme tuilier, elle épousera un Vendéen, ancien carrier devenu tuilier, puis cultivateur. Elle lui donnera six enfants, dont Victor, le père de Jacqueline, né le 5 juin 1898. Quand la Première Guerre mondiale éclate, cette famille voit partir six garçons au front : les trois fils et les époux ou fiancés des trois filles. Deux gendres et un fils ne reviendront pas.

Victor et son futur beau-frère Auguste, auquel il restera toujours très lié, ont survécu. Victor doit encore faire son régiment. Puis, n'ayant pas de métier, il se réengage pour cinq ans, désireux d'éviter ce qui l'attend autrement : devenir cultivateur, comme son père. Et ça, il s'y refuse… « Son rêve, se souvient Jacqueline, c'était d'être valet de chambre dans le château voisin ! » Finalement, Victor monte à Paris rejoindre sa sœur Alice, devenue l'épouse de Gustave, qui est alors gardien de la paix. Alice est concierge, et Victor loge dans le même immeuble qu'eux, rue d'Alsace – à l'emplacement actuel de la Défense – sous les toits, dans une chambre de bonne. Après avoir conduit deux ans des tramways sur la ligne 75 Asnières-Courbevoie-Puteaux-Suresnes, Victor est admis sur concours

◁ « N'ayant pas de métier, papa s'est réengagé après son régiment. Le voici à cette époque, posant fièrement sur son cheval. »

▽◁ Jacqueline sur son vélo, avec sa tante Aline, ses grands-parents, la tante Germaine, et des petits copains devant la maison familiale, vers 1935. « En Vendée, j'étais la plus élégante, car maman cousait toutes mes affaires, et elle suivait la mode avec beaucoup de goût. Quand j'arrivais à la campagne, j'incarnais la Parisienne ultrachic. Quant à mon père, avec sa traction avant, il était l'image même de la réussite. »

▽ « Le dimanche, quand papa n'était pas de service, nous passions la journée en famille dans le jardin de Maisons-Alfort. Dans le cabanon, on entassait de vieilles chaises, de la vaisselle… C'est ce qu'on appelait alors les jardins familiaux. On y profitait d'une journée de détente, comme à la campagne. On partait avec le déjeuner, et on revenait avec des légumes. »

comme inspecteur aux Renseignements généraux. Lors d'un séjour dans sa famille en Vendée, Victor eut besoin d'acheter un peu de café. Précisément, l'épicerie la plus proche était celle de Marie Ouvrard, la femme de l'ancien roulier devenu chineur. Et ce jour-là, c'est leur fille, Louise, qui sert Victor. « C'est ainsi que papa a rencontré maman, sourit Jacqueline. Ils se sont mariés peu après, le 9 juin 1926, à Bazoges. » Victor ramène sa femme rue d'Alsace, et après la naissance de Jacqueline, Louise l'élève pendant neuf mois dans ce logement malcommode, avec l'eau sur le palier. Puis ils trouvent un autre appartement, un deux-pièces très sombre dans la rue du Commerce, et y demeurent jusqu'en 1933. Finalement, ils s'installeront dans un appartement rue de la Convention, où les deux sœurs de Jacqueline, des jumelles nées onze ans après elle, habitent encore.

« Une fois à Paris, bien qu'étant la femme d'un inspecteur de police, maman n'est pas restée les bras croisés. Elle avait un peu appris la couture et s'est installée comme couturière. Je porte encore des robes qu'elle m'a cousues, alors qu'elle est morte il y a vingt-sept ans !

◁ Jacqueline et son père, immortalisés par les frères Jan et Joël Martel en danseurs « bocains » – une statue toujours en place à La Roche-sur-Yon, au cœur du bocage vendéen.

◁◁ Jacqueline arbore avec coquetterie l'insigne des Vendéens, les deux cœurs entrelacés surmontés d'une couronne et d'une croix, avec pour devise *Utrique fidelis*.

Elle cousait pour nous, mais elle avait aussi sa clientèle. Finalement, tous deux issus de familles modestes, mes parents se sont bien débrouillés. Mariés en 1926, ils ont acheté une voiture en 1935, une traction avant l'année suivante, et une maison en Vendée en 1938. Avant d'adhérer aux Vendéens de Paris, ils vivaient entre compatriotes, mais en famille : ils sont toujours restés très proches d'Alice, la sœur de mon père, et de son mari, Gustave. Avec eux, ils avaient loué un jardin à Maisons-Alfort, où nous passions nos dimanches, quand papa ne travaillait pas. Du côté de papa, ils sont montés à Paris, et ils ont bien réussi. Du côté de maman, ils sont restés au pays mais sont devenus commerçants, ce n'était pas mal non plus. »

En 1932, les parents de Jacqueline adhèrent aux Vendéens de Paris. Cette société a été créée en 1893 dans un but philanthropique, pour secourir les Vendéens trop souvent montés à Paris avec l'illusion d'y trouver facilement travail et logement. Ayant dépensé toutes leurs économies pour acheter leur billet de chemin de fer – les gens étaient très pauvres alors, il n'y avait pas beaucoup d'argent dans les campagnes, puisque tout fonctionnait suivant le système du troc, par échanges de services ou de marchandises –, beaucoup se retrouvaient complètement démunis une fois débarqués dans la capitale. Pour leur venir en aide, les Vendéens de Paris organisèrent des banquets et des bals, dont le produit servit à secourir les nouveaux arrivants. On les soutenait financièrement le temps qu'ils parviennent à s'en sortir tout seuls, ou on leur payait le billet du retour.

En décembre 1897, le premier bulletin de la société paraît. Entre 1914 et 1922, l'association disparaît complètement, et demeure un temps désorganisée après la guerre à cause du nombre de morts. Pendant la Seconde Guerre mondiale, elle reste en sommeil, mais reprend dès 1945.

« À cette époque, se rappelle Jacqueline, beaucoup de Vendéens montent à Paris. Le nombre d'adhérents a incroyablement augmenté. Les gens avaient envie de se distraire, et de danser ! Tout le monde voulait danser… Dans les années 1950, on a créé le groupe folklorique, auquel mon père et moi avons participé. Ce qui me vaut d'avoir aujourd'hui ma statue à La Roche-sur-Yon, à l'image de la danseuse du bocage : j'ai posé pour les frères Jan et Joël Martel, avec mon père. Ils avaient reçu une commande de la ville, et désiraient représenter des danseurs « bocains ». Ils nous ont choisis. Nous avons posé pour eux dans leur studio conçu par Robert Mallet-Stevens, dans le 16e arrondissement. Papa était un excellent danseur. La statue a été inaugurée en 1952, et, pour autant que je sache, elle est toujours en place. »

▽ *Le Vendéen de Paris*, le bulletin créé peu après la fondation de l'Amicale des Vendéens de Paris, à la fin du XIXe siècle, existe encore aujourd'hui. Dans leurs petites annonces, les compatriotes établis à leur compte promettaient des prix avantageux pour les Vendéens.

PARIS. — Gare Montparnasse
BUFFET

Montparnasse, le sixième département breton

En 1840, la première gare de l'Ouest est construite à l'emplacement de l'actuelle tour Montparnasse. Dès lors, les Bretons arrivent en masse et, à peine débarqués, posent leurs valises dans ce quartier.

Avec l'augmentation du trafic, la première gare est agrandie douze ans après sa création. C'est à Montparnasse que, un beau jour de 1868, débarque à Paris un ingénieur des Ponts et Chaussées breton appelé à marquer la capitale de son empreinte : Fulgence Bienvenüe, futur constructeur du métropolitain. On a accolé son nom à celui de la station de métro desservant le quartier breton, et bien des provinciaux arrivant à Paris ont longtemps cru lire dans cette appellation de Montparnasse-Bienvenüe une aimable salutation, voire un encouragement, prodigué à leur égard par les Parisiens.

◁ La gare Montparnasse, construite par Victor Lenoir – qui remplace en 1952 la première gare de l'Ouest, devenue trop exiguë –, avec son portique à arcades, surmonté de deux nefs vitrées et d'une horloge, entre deux pavillons. Elle dessert la Bretagne et la Normandie. Tous les trains de la ligne de l'Ouest passent par Versailles Rive-Gauche avant de rallier Paris, et une colonie bretonne s'établit également dans cette banlieue proche de la capitale.

△ Autour de la gare, les noms des rues, des cafés et brasseries témoignent de l'implantation bretonne, comme ici la place et la rue de Rennes, où circulent encore, au début du XXe siècle, quelques fiacres entre les autobus et les tramways.

Choisi parmi divers projets dans l'urgence des travaux précédant l'Exposition universelle de 1900, celui de Fulgence Bienvenüe relie les quartiers de Paris les uns aux autres… notamment Montparnasse et Montmartre : la ligne 12, inaugurée en 1910, encouragea peut-être les nombreux artistes résidant ici à s'établir là, au cœur de la capitale, où ils se mêlent tout naturellement à la population bretonne.

La Mission bretonne est fondée rue de la Convention en 1947, à l'initiative de l'abbé Élie Gautier. Ce dernier sent la nécessité d'encadrer cette émigration, qui voit débarquer en masse des provinciaux peu préparés à la vie parisienne et aux dangers qui les guettent. Les jeunes filles, venues dans l'espoir de devenir bonnes à tout faire, sont racolées par des proxénètes, tandis que bien des gars se consolent d'un exil mal vécu en sombrant dans l'alcool, et finissent par se retrouver à la rue. Peu à peu, la Mission s'organise pour accueillir ces expatriés de plus en plus nombreux, les loger et les aider à trouver un travail.

Dans les années 1960, la gare de l'Ouest, devenue obsolète, disparaît, remplacée par une nouvelle

construction plus adaptée, tandis que l'ensemble du quartier est remodelé... Mais rien ne vient à bout de son identité bretonne. La Mission est déplacée. Aujourd'hui, installée dans la rue Delambre, elle perpétue sa fonction d'accueil auprès des nouveaux arrivants, mais se consacre principalement à faire vivre sa culture régionale pour une nouvelle génération bretonne, née à Paris mais fière et curieuse de ses racines, à travers des cours de langue, de musique, danses ou chants du pays. Non loin, rue du Maine, la Coop Breizh ou la Maison du kilt sont devenues les rendez-vous incontournables des amoureux de l'âme celtique. Ouverte dans les années 1970 par l'association Kendalc'h – créée en 1957 pour fédérer des activités culturelles bretonnes –, la Coop Breizh en est le prolongement naturel. Consacrée à la vente de produits régionaux, elle contribue depuis à diffuser dans la capitale une part de la culture régionale introuvable ailleurs, en particulier des livres en langue bretonne.

△ À l'âge d'or de la carte postale, ce « souvenir de la gare Montparnasse » propose une vision idyllique, peut-être trompeuse, de l'arrivée dans la capitale...

◁ La Compagnie des chemins de fer de l'Ouest est créée en 1855 par la fusion de diverses petites compagnies ferroviaires desservant l'Ouest parisien – Versailles et Saint-Germain – ainsi qu'une partie de la Normandie et de la Bretagne. Son trafic s'accroît bientôt par la construction et l'exploitation de nouvelles lignes. À la suite de difficultés financières, cette compagnie sera finalement rachetée en 1908 par la Compagnie des chemins de fer de l'État.

Patrick,
libraire à la Coop Breizh

▽ En 1957, la fondation Kendalc'h crée la Coopérative Breizh, une maison d'édition qui s'ouvre par la suite au grand public avec la création de boutiques en Bretagne et à Paris. En marge de la librairie, on trouve rue du Maine des disques, des bijoux, des instruments de musique, un peu d'épicerie – et notamment le Breizh Cola, identitaire jusqu'au bout des bulles, « le Cola du phare ouest » ! Et des drapeaux, 100 % celtes.

▷ « Si je retourne souvent en Bretagne ? Mais en Bretagne, j'y suis tous les jours. Ici, c'est le sixième département breton. »

« Bien sûr, je suis un Breton. Mais je suis né à l'étranger : en Normandie. Mes parents étaient allés chercher du travail à 30 km de la frontière bretonne. Moi, je suis parti plus loin : à dix-neuf ans, je suis monté à Paris. J'y avais de la famille, j'y ai trouvé du travail, et ça fait plus de trente ans que je travaille à la Coop Breizh… Nos clients ? Des Bretons et quelques sympathisants, curieux de la culture celte. Les livres représentent la moitié de nos ventes. Pour le reste : disques, bijoux, instruments de musique, quelques vêtements. Sans oublier un peu d'alimentaire, la trousse de survie du Breton à Paris : bière bretonne, chouchen, Breizh Cola, gâteaux, sucreries, et la farine de blé noir des monts d'Arrée – 100 % bretonne, indispensable pour réussir les galettes. Dans le quartier, il y a moins de compatriotes qu'autrefois, à cause de la hausse des loyers. Mais reste la gare… où débarquent aussi désormais Gascons, Basques et Vendéens. Avec eux, on s'entend bien : les Bretons sont des gens ouverts et conciliants ! Certains commerces bretons disparaissent, mais n'exagérons rien : il y a toujours des crêperies, et la Coop Breizh résiste. Nous serons les derniers des Mohicans bretons ! »

« Certains commerces bretons disparaissent, mais il y a toujours des crêperies, et la Coop Breizh résiste. Nous serons les derniers des Mohicans bretons ! »

Richard Duclos,

créateur de tartans bretons et porteur de kilt

« J'ai eu envie de porter un kilt pour affirmer ma "bretonnitude". Après tout, c'est un vêtement interceltique, non ? »

« Je suis né à Paris. Mes parents faisaient partie de la grande vague de migration des années 1960, venus comme des milliers de Bretons chercher du travail à Paris. Mais j'ai toujours été breton : je passais toutes mes vacances là-bas, dans la maison familiale, j'y suis allé un temps à l'école… J'étais totalement immergé dans la culture bretonne. Il paraît qu'il y a un million de personnes d'origine bretonne en région parisienne, et on a tous la même histoire : nos parents ont quitté le pays pour trouver du boulot… pas pour visiter la tour Eiffel !

Pourquoi j'ai monté cette boutique ? En réalité, mon aventure est le résultat du mouvement interceltique des années 1970. À force de voir défiler des *pipe-band* irlandais ou écossais vêtus de cet habit particulier qu'est le kilt, j'ai eu envie de porter un kilt pour affirmer ma "bretonnitude". Après tout, c'est un vêtement interceltique, non ? On connaît les tartans écossais ou irlandais, un peu moins ceux des Gallois, des Cornouailles ou des Mannois, mais ils en ont. Alors, au cours d'un voyage en Écosse, désireux d'acquérir un tartan breton, j'ai découvert que ce tartan n'existait pas. Quelle déception ! J'en ai donc créé un, pour moi. Je l'ai fait tisser là-bas, puis un *kiltmaker* a réalisé mon kilt… Ça a pris du temps, mais, au final, c'était un objet magnifique. Depuis, il a gagné ses galons, car il a séduit d'autres Bretons et a maintenant été vendu à des centaines d'exemplaires. Il y a eu un véritable engouement, comme si l'on n'attendait que ça. Alors, le projet d'ouvrir cette boutique a pris corps. Avant, je travaillais dans le bâtiment, et, franchement, je ne me suis pas reconverti pour faire fortune : quand un client achète un kilt, il le garde toute sa vie… Donc, je ne le revois que lorsqu'il vient acheter une paire de chaussettes, tous les deux ans. Ma clientèle ? Des Parisiens d'origine bretonne. Et des Bretons, qui se déplacent pour acheter leurs kilts.

Le kilt est un vêtement d'exception, on ne le porte pas au quotidien. On le met lors de circonstances exceptionnelles. Moi, par exemple, je vais voter en kilt. Ou pour une invitation… Si vous m'invitez à dîner, je viendrai en kilt. Mais mon kilt n'est pas un bleu de travail, donc je ne le porte pas forcément pour venir travailler. Cette boutique est le fruit d'une passion. Aujourd'hui, ma passion est assouvie : le tartan breton est porté sur les cinq continents. »

◁ ET ▽ **Vincent, vendeur de kilts, avec Fabrice, client, porteur de kilt. « D'origine bretonne, je me suis toujours intéressé au monde celtique, confie Fabrice. Un beau jour, j'ai découvert l'existence d'un *Tartan Day*, à Paris, où ont débarqué des Bretons, vêtus du tartan national créé par Richard : fond noir avec rayures blanches – le noir et le blanc du *gwenn ha du* –, rayure bleue qui représente l'*armor* – la mer – et rayure verte pour l'*argoat* – la terre. Depuis, neuf autres tartans correspondant aux anciens évêchés de Bretagne ont vu le jour – chacun reprenant les couleurs des neuf évêchés de Bretagne. Richard a ouvert sa boutique en juillet 2002. J'y ai aussitôt acheté mon premier kilt, le tartan national breton. Désormais, il y en a quatre dans mon placard. »**

WALES • CYMRU
WRU
WRU
1664

Le Ti Jos, dernier bastion breton

Outre les galettes, c'est l'éveil de la culture bretonne qui se mitonne au Ti Jos...

Implanté à l'origine au 27 de la rue Vandamme, le Ti Jos voit le jour en 1937. C'est aujourd'hui le restaurant breton le plus ancien de Montparnasse. Il s'intitule lui-même, avec raison – la suite le prouvera – le « pilier de l'âme bretonne » dans la capitale. Son nom, il le doit à son fondateur, Joseph Beuzen. Ce Finistérois est monté tenter sa chance à Paris avec sa femme, la disparition du costume breton ayant progressivement fait péricliter son commerce de tissus et mercerie du Cloître-Pleyben. Ayant acheté une épicerie au cœur du quartier breton de la capitale, le couple la transforme en crêperie, une des premières de l'époque. Ti Jos, c'est « la maison de Joseph ». Le décor et la carte, à la mode de Bretagne, trouvent vite une clientèle bretonnante... et parisienne, parmi laquelle des écrivains, tels Henri Pollès, Marcel Aymé ou encore Louis-Ferdinand Céline, un habitué des lieux – nostalgique de ses études de médecine à Rennes, et de son mariage à Quintin avec Édith Follet ? Le succès aidant, les Beuzen ouvriront finalement autant d'établissements qu'ils ont d'enfants, quatre en tout.

◁ Yvon Olitrault, derrière son bar : « Aujourd'hui, notre restaurant est le seul lieu de la capitale où l'on trouve toutes les bières bretonnes. On y sert aussi du chouchen. Vous connaissez ? Une sorte d'hydromel, fabriqué à partir de miel. Autrefois, on disait que c'était dangereux d'en boire : il n'était pas filtré, alors si on trouvait le dard de l'abeille, avec le venin, paf ! on tombait à la renverse. »

△ Vue de Saint-Caradec, le village des Côtes-du-Nord, actuelles Côtes-d'Armor, d'où est originaire Yves Ollitrault, le père d'Yvon.

▷ Au 56, rue du Montparnasse, la Crêperie bretonne, dont les parents d'Yvon devinrent un temps gérants avant de reprendre le Ti Jos en 1949. Au centre, Yves Ollitrault.

Seule subsistera toutefois la maison mère, l'originale de la rue Vandamme, avec ses vaisseliers, buffets et lits clos bretons. En 1949, la famille Ollitrault entre en scène : Adèle et Yves rachètent le restaurant au couple Beuzen. Que les fidèles se rassurent : même si les Côtes-du-Nord succèdent au Finistère, on reste au pays !

Née en 1910, Adèle Ollitrault, née Loyer, a débarqué toute jeune à Paris. Elle est montée rejoindre son fiancé de l'époque, et c'est une cousine installée avenue du Maine qui l'héberge. Tout de suite, elle travaille dans la restauration, et, après quelques pérégrinations, la voici à Montparnasse, officiant dans une crêperie dont elle deviendra gérante. Yves Ollitrault, qu'elle épouse en secondes noces, a dix-neuf ans de plus qu'elle. Au Ti Jos, cet ancien gendarme à cheval devenu inspecteur se retrouve derrière la caisse, tandis qu'Adèle s'active aux fourneaux, pleine d'une énergie débordante. La clientèle reste bretonne, mais, au grand dam d'Adèle, dans le sillage de son fils Yvon, la politique y éclôt soudain au milieu des années 1960 : c'est l'essor de l'Emsav - le « mouvement breton » - et son retour sur le terrain politique. Outre les galettes, c'est l'éveil de la culture bretonne qui se mitonne au Ti Jos… L'établissement devient « le rendez-vous des anars, des poètes, des révolutionnaires qui exaltent la Bretagne sur fond de guitare et de harpe, qui vomissent Paris, ses bruits, ses poussières, sa foule anonyme », se souvient le journaliste Jean Bothorel dans son livre *Un terroriste breton*. Harpe et guitare ? Et bombarde et biniou, les instruments de prédilection d'Yvon, futur champion de bombarde, grand ami d'Alan Stivell rencontré chez les scouts bretons de Paris, alors qu'il s'appelle encore Cochevelou. C'est au Ti Jos, lors des concerts organisés par Yvon, que Stivell trouvera son premier public.

Il y rencontre d'ailleurs une grande figure des lieux, Glenmor, le barde militant, engagé dans la cause du nationalisme breton, ami de la famille Ollitrault. Glenmor compose et chante au Ti Jos, et Gilles Servat lui succédera… Les écrivains Xavier Grall ou Morvan

CREPERIE BRETONNE
CREPERIE BRETONNE
DIPLÔME
Gd PRIX avec Croix et Médaille d'Or
A L'EXPOSITION
du
Commerce et de l'Industrie

△ Yvon fréquente les scouts Bleimor de Paris. La culture bretonne et la connaissance de leur région sont les éléments fondamentaux de leur apprentissage : camps sur place ou dans les pays celtiques, découverte de l'histoire, des danses, de la musique et de la langue du pays.

△▷ Alan Stivell, avec sa harpe. Quand il triomphe à l'Olympia en 1972, il rend aux Bretons la fierté d'une identité culturelle mise à mal par des années d'immigration parisienne.

△△▷ Années 1960 : juchés sur des tonneaux, Yvon au biniou et son ami Daniel Lhermine à la bombarde. En 1967, ils seront champions de Bretagne par couples.

Lebesque fréquentent également les lieux… Autant le dire, tous ceux qui ont peu ou prou contribué au renouveau de la culture bretonne sont passés par le Ti Jos, attirés et entraînés par Yvon, sous l'œil bienveillant de son père. D'ailleurs, ce dernier n'hésite pas un soir à flanquer à la porte de son établissement l'un de ses clients, général de son état, offensé par une chanson de Servat, *la Blanche Hermine*, devenue depuis l'hymne officieux de la Bretagne… Les concerts deviennent des *festoù-noz*, et tous les Bretons de Paris s'y retrouvent, comme au pays.

En 1971, la rue Vandamme est en partie détruite lors des travaux qui remodèlent l'ancien quartier suivant un projet urbain incluant la construction de la tour Montparnasse et de la nouvelle gare. Exproprié, le Ti Jos ? Il ne disparaît pas pour autant ! Une ancienne boulangerie de la rue Delambre accueille le nouvel établissement : restaurant au rez-de-chaussée, et, dans l'ancien fournil du sous-sol, bar où se tiennent les concerts. Ce déménagement est l'occasion d'un autre changement : Yvon, qui a toujours aidé ses parents dans l'ancien restaurant, prend cette fois le relais avec sa femme, Rolande, épousée en 1969. Rolande est bretonne, évidemment, bien qu'elle précise avec humour : « Avant d'arriver à Paris, j'avais pas conscience d'être bretonne ! » Ils se sont rencontrés lors de manifestations d'étudiants bretons à la Cité universitaire. Passionnée de chimie, Rolande est devenue chercheuse au CNRS. Là, ses racines bretonnes la titillent : elle étudie la chimie du solide, se passionne pour la farine de froment, le sarrasin, et se plonge finalement dans la cuisine moléculaire. De savants travaux qui ne l'empêcheront jamais de donner un coup de main aux fourneaux du Ti Jos, bien au contraire : « Tout en préparant mes galettes, quand ça me barbait trop, je rêvassais… Je continuais à vaquer à mes expériences… »

Contrairement à son mari, Yves, qui ne suivra pas le Ti Jos dans sa nouvelle version, Adèle Ollitrault n'abandonne pas le navire. Elle déménage avec les meubles, et, rue Delambre, cuisine jusqu'à quatre-vingts ans ! Dès leur plus jeune âge, ses petites-filles, Solen et Morwena, apprennent avec elle la délicate alchimie de la galette, tandis qu'au sous-sol règne Yvon… Témoignage de son attachement à la culture celte, la bière irlandaise s'accompagne de la musique des Chieftains, des Dubliners, de Christie Moor ou des Wolfe Stones, qui, comme U2, passent au Ti Jos après leurs concerts parisiens pour jouer avec les musiciens

△ Adèle Ollitrault, à droite, avec au centre la patronne de la Crêperie bretonne de la rue du Montparnasse. Dans les années 1950, les crêperies se comptent encore sur les doigts d'une main dans le quartier. Elles n'envahiront le quartier breton qu'à partir des années 1980.

◁ Yann-Fanch Kemener, Rolande Ollitrault, l'abbé François Le Quéméner (aumônier de la Mission bretonne dès 1966), Solen et son père. Assise et coiffée d'une casquette, Dany, qui tint le bar pendant quinze ans, à côté de Didier Squiban.

△ Trois générations d'Ollitrault. Morgane, la nièce de Rolande, Solen Ollitrault et son fils Hoël – aussi blond que le mousse breton des *Passagers du vent*, de François Bourgeon, auquel il doit son nom –, Alice, la fille de Morgane, Rolande et Yvon Ollitrault.

bretons… Rolande porte fièrement des pulls irlandais à une époque où, dans les rues de Paris, on l'arrête pour lui demander quel est ce point étrange. Sur la carte du Ti Jos, elle reproduit des entrelacs et caractères celtiques rares et mystérieux… que chacun copiera bien vite. Ce sont les années folk, époque de toutes les utopies. Sous l'inlassable impulsion de la famille Ollitrault – deuxième génération –, le Ti Jos demeure un haut lieu d'échanges culturels où, chaque soir, les clients et les amis s'attardent pour inlassablement refaire la Bretagne – à défaut du monde – entre deux bières brunes, sur fond de bombarde ou de biniou.

Aujourd'hui, la diaspora bretonne parisienne considère ce lieu comme le dernier bastion breton authentique de la capitale. L'ambiance y reste haute en couleur, amplifiée par la troisième génération, sous les traits de Solen, l'une des filles de Rolande et d'Yvon. Yvon s'occupe toujours du bar et de la musique. En cuisine, Solen officie avec autorité. Bretonne, quoique née à Paris, les galettes, ça l'ennuie parfois. Heureusement, sa créativité sait divinement réinventer la tradition. Dans son école de cuisine, son professeur, un gars du Sud-Ouest, lui martelait : « En Bretagne, y a pas de cuisine, y a que des galettes. » En voilà un qui n'avait pas goûté son *kig ha farz*, c'est sûr.

▷ Carte ancienne du Ti Jos. Des quatre établissements ouverts lorsque les Ollitrault rachètent le Ti Jos aux Beuzen ne subsistent plus que celui de Montparnasse et celui du Quartier latin, qui va bientôt disparaître à son tour.

▷▷ La façade de l'actuel Ti Jos. Le restaurant reste une affaire familiale. Désormais, dans le sillage de sa grand-mère et de sa mère, Solen œuvre aux fourneaux.

Crêpe
estaurant
tí JOS
Pub Breton
VILLE DE PARIS
LICENCE
IV

Jean-Pierre Viel, Normand, propriétaire et entraîneur de trotteurs

Depuis trois générations, les Viel passent l'hiver à Paris. Parce que l'hiver, c'est Vincennes et la saison des courses de trot, qui amène les propriétaires, éleveurs ou entraîneurs normands et leurs chevaux dans la capitale.

Pour comprendre ces vies partagées chaque année entre Paris et le haras au pays, il faut revenir deux siècles en arrière, à l'origine des courses de trot en Basse-Normandie, telle que la raconte Jean-Pierre Viel. Autrefois, quand les gens allaient au marché, ils y partaient pour la journée, en voitures attelées. L'allure de ces voitures était le trot. Alors, les paysans normands ont rapidement commencé à s'amuser sur le chemin, pour voir qui arrivait le premier au bourg. Cela a suscité de l'intérêt pour les meilleurs chevaux. De fil en aiguille, on les a échangés pour améliorer son écurie, puis l'on s'est retrouvé à organiser des courses. C'était facile dans ces régions de plaines : les attelages couraient 3 km sur la route ou sur les champs de foire, ce fameux jour de marché. Voilà comment ont débuté les courses, des raids hippiques qu'on courait autrefois sur la route. Il ne s'agissait encore que d'un loisir, développé en marge de l'activité agricole…

◁ Jean-Pierre Viel drivant l'un de ses champions sur le champ de courses parisien. Les origines du trotteur français remontent au début du XIXe siècle. C'est un demi-sang, issu de nombreux croisements, notamment des plus anciennes races de juments normandes avec des pur-sang anglais, puis des trotteurs Norfolk et des Standardbred. Puissant, de taille moyenne – de 1,60 à 1,70 m au garrot –, le trotteur n'a guère changé depuis le début du XXe siècle, même si la compétition a légèrement modifié sa morphologie – son épaule, par exemple, est plus inclinée. Les couleurs de robe les plus répandues restent le bai, le bai brun, le bai brun foncé et l'alezan.

▷ Créé en 1965, le Prix de France est une course de trot attelé qui se déroule à Vincennes au mois de février. Course internationale, elle se court depuis 1979 sur 2 100 m. Mon Tourbillon, autrefois l'étalon star de l'écurie Viel, l'a remportée deux fois. Aujourd'hui encore, les chevaux élevés par Mireille et entraînés par Jean-Pierre descendent de cet étalon d'exception.

lui femme et enfants. Ces derniers, Amélie, Suzanne, Jeanne et Albert, vont en classe à Joinville pendant les quatre mois d'hiver… Ça ne pose guère de problèmes tant qu'ils sont à l'école primaire. Puis, quand ils grandissent, les oncles et les tantes restés au pays s'occupent d'eux. L'entraide familiale est importante. Ces arrangements se reproduisent aux générations suivantes : le jeune Albert travaille avec son père, et ses enfants vivent, comme lui autrefois, le déracinement des mois hivernaux. Entre les deux guerres, les courses de trot connaissent une vogue grandissante…

Vincennes en quelques dates

1879 : le 7 septembre, inauguration à Vincennes du premier champ de courses réservé aux trotteurs en région parisienne.

1906 : pour augmenter le nombre de réunions de trot, la Société du cheval français crée un meeting d'hiver. Le nombre de journées de courses ne cesse d'augmenter. De 10 en 1905, les réunions passent à 38 en 1910 et à 68 en 1925.

1920 : le premier Prix d'Amérique se dispute le 1er février. Cette épreuve de prestige devient rapidement la course de trot la plus populaire dans le monde.

1940 : pendant la guerre, les courses de trot sont presque interrompues dans tout le pays. Le nombre des chevaux qui courent dans l'année diminue de 2 307 en 1939 à 715. Les chiffres remontent à partir de 1947. En 1977, ce nombre franchit la barre des 10 000.

1952 : première nocturne réservée à des trotteurs.

Dès lors, les courses de trot ne cessent de se développer et font de Vincennes la capitale mondiale du trot.

Les rencontres se multiplient. Ainsi, le Grand Prix d'Amérique, créé en 1920 pour remercier l'Amérique de son entrée en guerre pendant le premier conflit mondial, attire un nombre de spectateurs impressionnant, et devient finalement le championnat du monde des trotteurs.

Ce bel élan est interrompu par la Seconde Guerre mondiale, période catastrophique pour l'élevage normand… Tout d'abord, les propriétaires choisis-

sent pour la plupart de rester au pays, où il est plus facile de se nourrir qu'à Paris. Hélas, la plupart des chevaux sont réquisitionnés. Et après le débarquement, les Allemands s'emparent des trotteurs subsistants pour fuir : en un rien de temps, les effectifs des écuries se trouvent quasiment réduits à néant. « Heureusement, précise Jean-Pierre Viel, l'œil malicieux, nos chevaux ne traversent pas beaucoup les rivières. Donc, arrivés devant un cours d'eau, les Allemands se dégottaient une barque, et abandonnaient leur monture, espérant dénicher une bicyclette de l'autre côté. Voilà comment bien des éleveurs ont récupéré des chevaux dans le marais Vernier… »

Jean-Pierre est né après la guerre. Aussi loin que remontent ses souvenirs, ils sont liés aux trotteurs – et à son âne, Bill, que ses parents lui ont offert, le fils d'un de leurs amis étant mort d'une chute de poney. Mais à

△ « Mon Tourbillon était notre champion, raconte Mireille Viel. Il est né au haras et a commencé à courir vers cinq ou six ans. Le voici lors de sa deuxième victoire du Prix de France à Vincennes, en 1985. Je me rappelle, la première fois qu'il a remporté ce prix, en 1983, il y avait un temps épouvantable. Cet étalon, c'était un cheval comme on en voit peu. »

△ « Je suis entraîneur et éleveur, mais je ne garde que la moitié de mes poulains. La première sélection concernant mes trotteurs, ce sont les ventes de printemps, à Caen, quand ils ont deux ans. J'essaie de conserver les pouliches les plus prometteuses. Avec le sang de Mon Tourbillon qui coule dans leurs veines, j'espère qu'elles donneront un jour naissance à un nouveau grand champion. »

▷ Albert Viel, le père de Jean-Pierre. « Dans notre famille, les courses de trot, c'est plus qu'une passion : c'est notre vie. Mon grand-père a couru jusqu'à l'âge de quatre-vingt-deux ans, et j'ai toujours connu mon père au milieu des chevaux. Aujourd'hui, mon fils Vincent est également devenu éleveur et entraîneur. »

△ Mireille, la femme de Jean-Pierre : « Nous avons deux activités complémentaires, mais bien distinctes. Lui, c'est l'entraînement ; moi je m'occupe de l'élevage. Je veille également aux soins, et toute la gestion du haras repose sur mes épaules. Mais j'ai toujours accompagné mon mari à Paris pour la saison des courses. L'élevage, en hiver, ça n'est pratiquement que de la surveillance. Au mois de novembre, les poulains ont été séparés de leur mère, ils sont vaccinés, vermifugés, les pieds sont faits. Finalement, ça n'avait rien de compliqué concernant les chevaux… Ça l'était plus pour les enfants. »

douze ans, de Bill, il passe directement aux chevaux. « J'ai couru pour la première fois le jour de mes quatorze ans, en Mayenne. »
Les souvenirs de Joinville en hiver, rue Aristide-Briand, où il se retrouve en vacances dès les années de collège, sont joyeux. Des cousins habitaient tout près, impasse des Canadiens. « On se retrouvait entre Normands… Moi, j'aurais volontiers abandonné l'école dès que possible pour les champs de courses, mais mes parents se sont obstinés parce qu'ils ne voulaient pas d'un cancre. Donc… je suis resté un cancre jusqu'à mes dix-huit ans ! Mais je courais régulièrement. » Le cheval, c'est un truc de famille : la sœur aînée de Jean-Pierre possède quelques chevaux, et son frère Paul est également devenu éleveur et entraîneur. Son haras se trouve à Pont-l'Évêque, sur une ancienne propriété de famille. L'hiver, Paul le passe également à Paris, Vincennes oblige.
Désormais, ce n'est plus à Joinville que les propriétaires se retrouvent : ils sont installés au domaine de Grosbois. Au début des années 1960, le développement urbain de Joinville rendit ce transfert nécessaire : trop de voitures et de feux rouges, aucune piste cavalière pour rejoindre celles d'entraînement ou le champ de courses… Ça devenait compliqué à gérer. En 1962, la Société du cheval français acquiert un château à Boissy-Saint-Léger. Le domaine est transformé en centre d'entraînement pour les trotteurs et peut accueillir 1 400 chevaux.
Pendant la saison des courses, les chevaux de Jean-Pierre sont stationnés à Grosbois. Ils courent à Vincennes. En février, ils rentrent en Normandie, dans le haras acquis par le père de Jean-Pierre, et dont une partie, bien séparée, est consacrée à l'élevage. Ils courent alors dans la région, et parfois à Vincennes, hors saison, mais ces occasions font l'objet d'un aller et retour en camion. « J'admets qu'on mène une vie à part, sourit Jean-Pierre : désormais on court tous les jours… Remarquez, autrefois, on courait trois ou quatre fois par semaine, dont le samedi et le dimanche, alors les week-ends, on n'a jamais connu. Mais c'est la vie d'un entraîneur, inutile de s'en faire pour ça. »

PICARDIE

Le Nord et l'Est à Paris

Rassemblement des Picards de Paris dans les rues de la capitale, le 10 novembre 1968.

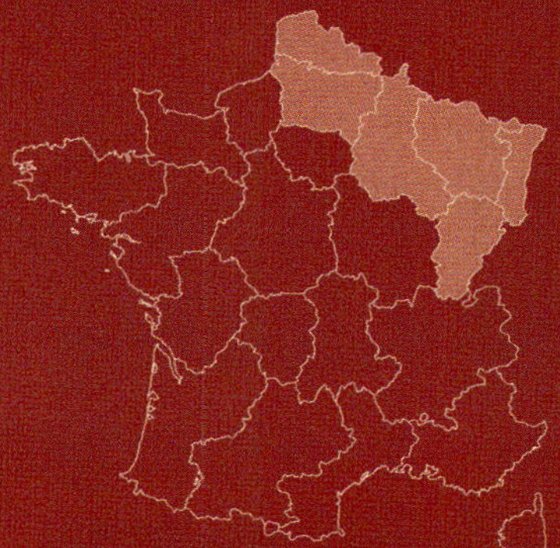

Corot

Famille Thenaut, avocats et Picards

Une avocate picarde succède à son arrière-grand-père dans l'étude familiale parisienne

Né vers 1850, Alphonse a quitté sa Picardie natale pour étudier le droit à Paris. Mais il n'a cessé de fréquenter ses compatriotes. Il s'est occupé notamment d'une amicale d'entraide dans la capitale, La Betterave – laquelle n'a d'ailleurs cessé d'exister que très récemment. Jusqu'en 1911, ce Picard exerçait dans son appartement du boulevard Voltaire, mais, la famille s'agrandissant, la sphère privée s'est séparée de la sphère professionnelle. Il installe alors son cabinet d'avocat rue Jean-Pierre-Timbaud – dans les environs de cette gare du Nord auprès de laquelle les Picards aiment à se blottir, afin de retourner au pays, chemin de fer aidant, le plus souvent possible.
Aujourd'hui, rien n'a bougé dans l'appartement depuis qu'Alphonse y a installé son étude d'avocat au début du siècle dernier. Le temps s'y est arrêté. Marie-Geneviève, son arrière-petite-fille devenue avocate à son tour, a repris l'affaire familiale.

◁ Marie-Geneviève dans l'antichambre de son cabinet. Fauteuils, cheminée, murs, plafond à décor de palmettes, lithographies représentant Amiens, rien n'a bougé dans le salon d'attente depuis près d'un siècle. L'avocate vit et travaille dans cet appartement où elle a vu le jour.

▷ Alphonse, l'arrière-grand-père de Marie-Geneviève, a installé son étude dans l'appartement parisien de la rue Jean-Pierre-Timbaud en 1911. Personnage haut en couleur, ce Picard emmenait chaque hiver femme et enfants passer trois mois sur la Côte d'Azur – Nice, Menton, Cannes... pourvu qu'il y ait un casino ! Il partait alors avec son argenterie, ses tableaux et la cage à oiseaux, véritable déménagement pour lequel était réservé tout un wagon de chemin de fer.

▷▷ Le kiosque de la plage de New Brighton à Cayeux, destiné aux estivants, devant lequel posent deux « locaux ». Cayeux signifie cailloux en picard. Le sable de la plage n'y apparaît qu'à marée basse.
Clin d'œil aux vacanciers, le nom du kiosque est celui du journal parisien qui, à partir du 4 avril 1904, s'adjoint le sous-titre de « plus fort tirage des journaux du monde entier ».

▽ Sur le bureau figure toujours l'ancien ensemble des deux encriers : l'un réservé à l'encre noire ou violette, et le second à l'encre rouge, qui servait à annoter les dossiers.

Les activités d'Alphonse se partagent entre Paris et le Nord, où les affaires l'appellent régulièrement. Sa femme, Péroline, picarde également, lui donne quatre enfants : trois filles et un garçon, lequel tentera fortune aux États-Unis, dans l'Oregon. L'une des filles sera en son temps une des premières recrues féminines de la faculté des sciences. Mais nul juriste dans cette descendance, à la première génération. Heureusement, un jeune avocat originaire d'Arras, Louis Thenaut, épouse en 1901 l'une des filles d'Alphonse, Claudine-Justine, et après son mariage, travaille tout naturellement avec son beau-père.

De l'union de Louis et de Claudine naissent deux garçons : André, en 1903, puis Marc. André sera avocat et décidera de s'inscrire à la faculté de Lille. Profitant de la joyeuse vie qu'y mènent les étudiants, il y intègre la confrérie des Grands Gousiers. L'intronisation a lieu, suivant la tradition, au Palais de la Bière, un café situé à côté de la Grand-Place : le candidat au titre doit être capable d'ingurgiter douze demis de bière servis dans douze chopes tandis que résonnent les douze coups de midi du beffroi ! Plus sérieusement, ayant passé ses examens, il apprend à taper à la machine, ce qui lui vaudra, après son retour à Paris, de devenir secrétaire du président de la République Albert Lebrun, en 1934. Après quoi, André se résout à rejoindre l'étude familiale parisienne. Les registres comptables de l'époque, qu'il est chargé de tenir à jour, gardent trace de son humour : « Maigres honoraires du garçon de bureau... », inscrit-il régulièrement en face du salaire que lui verse son père.
À Cayeux, où la famille Thenaut dispose d'une résidence, André et sa mère rencontrent Marcelle. La jeune fille est originaire de la baie de Somme, et, bien qu'à l'époque les estivants ne fréquentent guère ceux qu'ils nomment « les locaux », Claudine trouve la demoiselle à son goût, organise des rencontres et finit par la marier à son fils. La cérémonie a lieu à Cayeux, en 1934. Après quoi, André ramène Marcelle dans la capitale. Sa jeune femme ne s'habitue pas à cette trop grande ville. Mais le train la relie si aisément à sa région natale qu'elle y revient souvent, et y achète une villa. En 1942, son père étant alors en mauvaise santé, André reprend le cabinet, rue Jean-Pierre-Timbaud, tout en s'activant dans un réseau de Résistance. À la Libération, il refuse d'ailleurs un poste important dans un cabinet ministériel, privilégiant ses activités d'avocat.
Le vieil Alphonse est mort pendant la guerre, en 1943, âgé de quatre-vingt-dix-sept ans. Sans doute serait-il devenu centenaire si un malfrat ne l'avait

Le Petit Parisien
Journaux du Monde
JEU DE SPORT & D'ADRESSE
JEU DE SPORT & D'ADRESSE
RNAL
EN VENTE ICI
LE JOURNAL
CARTES POSTALES
PAPETERIE LIBRAIRIE ETC

△ « Non loin de Cayeux, à 2 km environ, autour du phare et du sémaphore, on a essayé de créer une nouvelle station balnéaire que l'on a pompeusement appelée New Brighton. Quelques chalets et petites maisons en brique se sont élevés, et même un casino hôtel, mais cette petite plage est peu fréquentée. » (*Bains de mer*, 1898)

▷▽ Réunion des Picards de Paris, posant en costumes traditionnels autour des armoiries picardes : fleurs de lis et lions de Flandre. À gauche, le personnage de Lafleur – issu des théâtres de cabotans qui ont fait d'Amiens la capitale de la marionnette à tringle et à fils.

poignardé dans un établissement de bains pour lui voler son portefeuille. Au début des années 1940, l'ancêtre avait encore bon pied bon œil, et il participait toujours aux affaires du cabinet. Le jour du baptême de son arrière-petite-fille Marie-Geneviève, vexé par les marques d'attention que son grand âge lui attire, il enfourche la rampe d'escalier de l'immeuble et la descend à califourchon, pour prouver son éternel dynamisme.

André et Marcelle ont eu trois filles : Marie-Geneviève, Annie et Françoise. Marie-Geneviève a aujourd'hui succédé aux trois premières générations dans le cabinet de la rue Jean-Pierre-Timbaud. Pourtant, espoir de son père en tant qu'aînée, elle commence par se rebiffer et passe un doctorat de lettres… Puis l'atavisme familial la rattrape et la mène sur les bancs de la faculté de droit. Elle travaillera comme clerc chez un avoué, puis comme principale dans l'une des plus grosses études de Paris. En 1974, elle prête serment et s'inscrit au barreau – la voilà avocate. Il était temps : quand son père meurt dans un accident de voiture quatre ans plus tard, elle est en mesure de lui succéder dans l'étude familiale.

Parallèlement à ses activités juridiques, Marie-Geneviève est aujourd'hui la présidente des Picards de Paris. Sa passion pour sa région d'origine, où elle a passé toutes ses vacances dans la famille maternelle, ne s'est jamais démentie. Abonnée à un journal local, *l'Éclaireur*, elle y a longtemps remarqué les annonces de l'association parisienne avant de se décider à les contacter, en 1980. Elle en a alors rencontré la présidente, laquelle vivait à deux pas de chez elle, boulevard du Temple, et était originaire d'un village près de Cayeux. Peu à peu, elle s'est investie dans l'association, jusqu'à en assumer la direction depuis 1990. Chaque week-end, notre avocate glisse ses dossiers dans une valise et file gare du Nord prendre son train : dans deux heures trente, elle sera chez elle, à Cayeux, dans la maison maternelle autrefois vendue, et qui par un étrange retour de fortune est de nouveau la sienne : achetée aux enchères bien plus tard par un oncle, elle lui est revenue en héritage. Il n'y a pas de hasard.

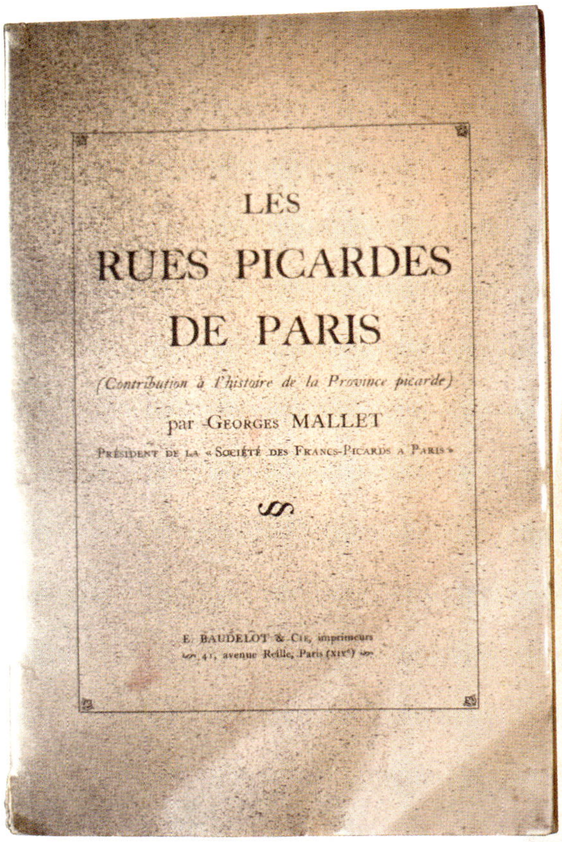

LES
RUES PICARDES
DE PARIS

(Contribution à l'histoire de la Province picarde)

par Georges Mallet

Président de la « Société des Francs-Picards à Paris »

E. BAUDELOT & Cie, imprimeurs
47, avenue Reille, Paris (XIVe)

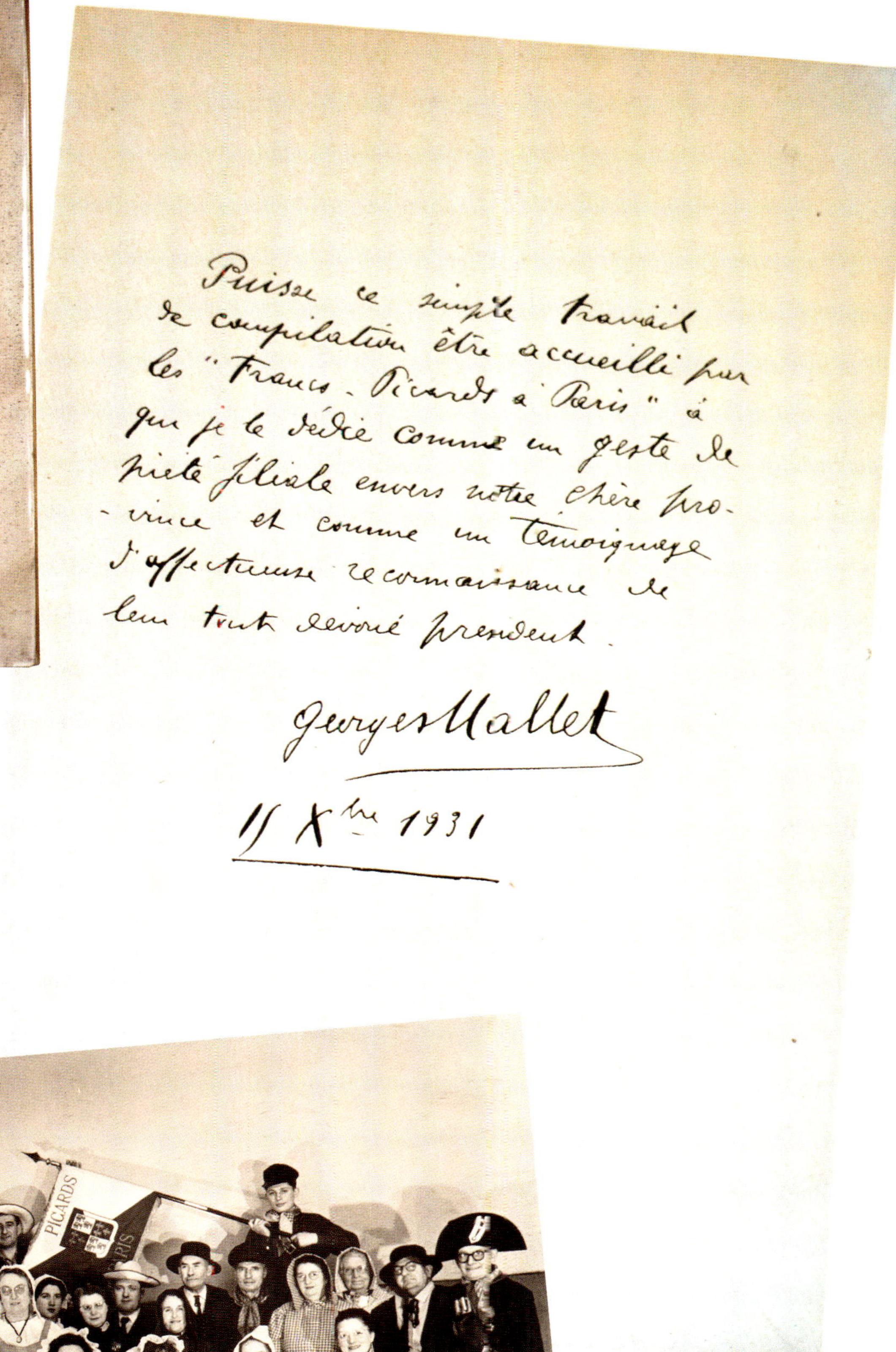

Puisse ce simple travail de compilation être accueilli par les "Francs-Picards à Paris" à qui je le dédie comme un geste de piété filiale envers notre chère province et comme un témoignage d'affectueuse reconnaissance de leur tout dévoué président.

Georges Mallet

11 Xbre 1931

△ et ▷ En sortant du palais de justice, Marie-Geneviève écume les bouquinistes. Bibliomane, bibliophile et cartophile, elle a rassemblé une extraordinaire collection de livres relatifs à la Picardie et de cartes postales régionales – elle possède notamment plus de 3 000 cartes postales de Cayeux. Ce fascicule relatif aux rues picardes de Paris a été édité en 1931 par Georges Mallet, le père du recteur Robert Mallet, originaire d'une famille de juristes d'Abbeville.

Une **école** pilote venue d'**Alsace**

Depuis sa création, en 1873, l'École alsacienne a apporté la preuve de son esprit novateur, qui a, dans le courant du XXe siècle, conquis progressivement l'enseignement public français.

Après la guerre de 1870 et l'annexion prussienne, des Alsaciens exilés à Paris décident de créer pour leurs enfants une école inspirée du gymnase Jean-Sturm, de Strasbourg, alors en partie détruit. Cette école protestante fondée en 1538, après la Réforme, était ouverte aux élèves de toutes confessions, et son enseignement reflétait les préoccupations humanistes ayant présidé à sa fondation. Autant dire qu'elle ne ressemblait en rien aux lycées napoléoniens, avec leurs internats militaires, leur discipline répressive et leurs méthodes d'apprentissage rébarbatives et contraignantes.

▽ Ouvrage publié à l'occasion du cinquantenaire de l'école, en 1924, qui relate les débuts de l'institution, rappelle ses principes pédagogiques et rend hommage aux diverses personnalités qui en ont assuré la mise en œuvre depuis ses origines.

◁ Signé le 10 mai 1871, après la défaite française, le traité de Francfort ratifie l'annexion de la plus grande partie de l'Alsace et de la Lorraine. Toutefois, une clause précise que les habitants de ces régions désireux de conserver la nationalité française devront quitter ces territoires. Environ 100 000 migrants se résoudront ainsi à quitter leur pays d'origine. Certains se réfugient à Paris. La fondation de l'École alsacienne prend sa source dans ces événements tragiques. Pendant la Première Guerre mondiale, ces deux fillettes en costume national symbolisent leur attachement à ce pays qu'elles n'ont pas connu.

▷ L'une des trois cours de récréation de la nouvelle école, rue Notre-Dame-des-Champs, à la fin du XIXe siècle. Elles présentaient l'avantage, en séparant les enfants selon leur âge, de les préserver d'un bon nombre d'accidents. Grande innovation : le préau couvert, qui sera systématiquement adopté par la suite, lors de la construction des écoles après la réforme de Jules Ferry. Il permet aux enfants de s'abriter en cas d'intempéries, et aux professeurs de rejoindre leurs classes sans se mouiller.

△ Jean de Brunhoff, le père de Babar, fut élève à l'École alsacienne, qui conserve précieusement un dossier renfermant ses dessins d'écolier. L'enseignement du dessin bénéficia d'une attention particulière dans cette institution, qui ne manqua pas de le réformer. À une pratique jusqu'alors rigide et peu attrayante, on substitua l'étude de modèles choisis suivant le goût des élèves. Objets usuels familiers ou pittoresques susceptibles d'intéresser l'enfant, examen de feuillages, de fruits, de la figure humaine, ou copie de bustes en plâtre, tout était possible dès l'initiation. Par ailleurs, les croquis servaient ensuite à illustrer les devoirs ou les exposés.

△▷, ▷ ET ▽▷ Cours d'escrime dans la cour et élèves posant dans le gymnase Charcot en 1884 et 1895. L'éducation physique tient une grande place dans la vie des élèves. Selon une maxime de l'école, « quand le corps est faible, il commande ; quand il est fort, il obéit ». Dès 1880, le futur explorateur Jean-Baptiste Charcot, alors élève de l'école, y fonde avec ses amis la Société sans nom, la première association sportive scolaire. Puis, en 1886, il crée l'AAA – Association athlétique alsacienne. Ce club athlétique contribuera à développer l'esprit d'équipe et de solidarité chez les élèves.

professeurs puissent porter une attention individuelle à leurs élèves. Enfin, l'école est comprise comme le prolongement de la famille : des cahiers de liaison permettent aux enseignants et aux parents de communiquer, et l'internat n'existe pas. L'extraordinaire avant-gardisme de ses méthodes va faire de l'École alsacienne le laboratoire dans lequel Jules Ferry viendra puiser son inspiration, avant d'entreprendre la nécessaire réforme de l'école publique – et désormais laïque – de la République.

Sept ans après sa création, avec ses 200 élèves, l'école se trouve à l'étroit rue d'Assas. Il est temps de la doter de bâtiments conformes à ses besoins. Un terrain situé au 109 de la rue Notre-Dame-des-Champs est acquis, et l'architecte Émile Auburtin, un parent d'élèves, y conçoit l'une des premières réalisations scolaires conformes à l'enseignement moderne. La nouvelle École alsacienne est inaugurée en juin 1881. Les bâtiments sont vastes, bien éclairés, dotés de salles de classe gaies et accueillantes. Un amphithéâtre est destiné aux sciences, un laboratoire aux expériences de chimie. Une grande bibliothèque, un cabinet de physique, une salle de dessin et un vaste gymnase complètent l'ensemble. Enfin, trois cours sont prévues pour séparer les enfants d'âges différents… Une fois encore, l'école apportait la preuve de son esprit novateur, qui allait, dans le courant du XXe siècle, conquérir progressivement l'enseignement public français.

△ Au jardin ! Cette maternelle, ouverte en 1912 par l'École alsacienne, l'une des premières fondées à Paris, accueille les enfants dans des salles donnant sur un jardin qui leur est réservé. Suivant les conseils de Maria Montessori (qui a ouvert sa première classe en 1907, à Rome), le matériel est adapté à l'enfant : le mobilier est à sa taille, l'élève peut ainsi se servir lui-même dans les armoires ou ranger son vestiaire.

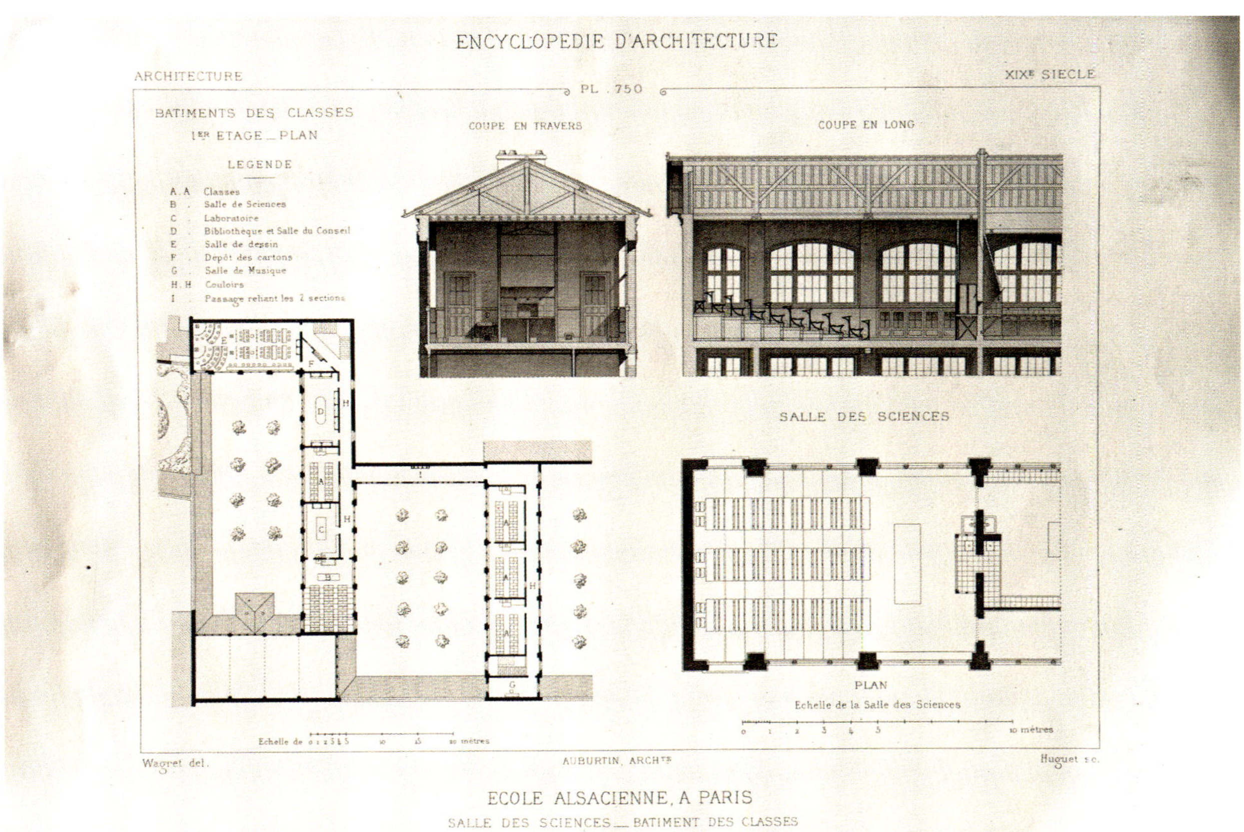

◁ Plans des bâtiments Auburtin pour l'École alsacienne. La nouvelle école est inaugurée en 1881, et Paul Bert, collaborateur de Jules Ferry, rend alors hommage aux Alsaciens, initiateurs de cette pédagogie avant-gardiste : « Et il est arrivé, chose merveilleuse ! qu'en faisant œuvre de patriotes, vous avez fait œuvre de pédagogues. Car cette École alsacienne, dont l'exemple a été de tant de poids pour déterminer la réforme de notre enseignement, […] a pris […] pour modèle votre vieux gymnase libre de Strasbourg. Si bien que notre chère Alsace, ne pouvant plus nous donner son sang ni sa richesse, nous donne encore sa pensée et son exemple. »

...nds Magasins "Aux Galeries Lafayette — Paris"

Les Galeries Lafayette, un modèle alsacien

Aujourd'hui encore, le magasin appartient aux descendants de Théophile Bader…

En 1894, à l'angle de la rue La Fayette et du boulevard Haussmann, naît une boutique appelée à devenir l'un des plus célèbres grands magasins parisiens. Pourtant, créées bien après l'ouverture du Bon Marché, des grands magasins du Louvre, du Printemps, de la Samaritaine ou du Bazar de l'Hôtel de Ville, autant d'établissements portés par les fastes du second Empire, les Galeries Lafayette constituent alors une sorte d'anachronisme. En outre, leur implantation géographique, si proche du concurrent solidement établi qu'est le Printemps, semble défavorable. Toutefois, ce fonds de commerce, qui comporte initialement 70 m^2 de mercerie, rubans et articles pour couture, va connaître une formidable expansion, toujours à la pointe de la modernité, suivant les vœux de ses créateurs, deux cousins alsaciens, Théophile Bader et Alphonse Kahn.

◁ Le salon de lecture des Galeries, en 1912. Pour faire du shopping une véritable activité de loisir, les Galeries intègrent des espaces non marchands dans leurs surfaces de vente. Au début du XXe siècle, des lieux spécifiques sont aménagés dans le magasin pour que les clientes puissent rédiger leur correspondance ou lire leur journal. On se donnait rendez-vous au salon de thé, de beauté, de coiffure…

△ Théophile Bader fréquente les champs de courses, où il observe les nouvelles silhouettes d'élégantes, aussitôt copiées par les Galeries Lafayette. Ici, à Auteuil, peu avant la Première Guerre mondiale, les débuts officiels de la jupe-culotte et des jupes courtes appelées « marguerites de pluie ».

▷ Fils d'un marchand de bestiaux, Théophile Bader est originaire de Dambach-la-Ville, dans le Bas-Rhin. En 1882, il s'intéresse à la confection pour dames et fonde avec son cousin Alphonse Kahn et Cie, leur première société, en 1883. Le magasin prendra plus tard le nom de Galeries avant de devenir les Galeries Lafayette.

▷▷ Alphonse Kahn et sa femme, Georgette Hirsch, elle aussi originaire de la campagne alsacienne.

Le développement des Galeries Lafayette est rapide : dès 1896, elles occupent tout l'immeuble du 1, rue La Fayette. Si bien que, afin de stopper ce développement, Le Printemps acquiert l'immeuble mitoyen. Qu'importe ! les cousins alsaciens traversent la rue et, en 1905, investissent le boulevard Haussmann : le magasin tel qu'on le connaît aujourd'hui se construit alors, dans des immeubles haussmanniens transformés en locaux commerciaux. L'inauguration a lieu en octobre 1912. Les travaux ont été confiés à Ferdinand Chanut, à qui l'on doit entre autres réalisations innovantes la façade néobyzantine de la rue de la Chaussée-d'Antin.

Phénomène exemplaire, la pérennité familiale de la société semble typiquement issue du modèle économique alsacien. En 1912, Alphonse Kahn, qui n'a pas eu de descendance, revend une grande partie de ses parts à Théophile Bader, mais demeure administrateur des Galeries jusqu'à sa mort, en 1927 – sa femme le remplacera ensuite au conseil d'administration. Puis les gendres de Bader, Raoul Meyer et

▷ Le carrefour des rues La Fayette et de la Chaussée-d'Antin avant 1905 et l'ouverture du magasin du boulevard Haussmann : les Galeries se situent encore à leur emplacement initial, au 1, rue La Fayette. Dans la perspective de la rue de la Chaussée-d'Antin se dresse l'église de la Trinité.

CHAPEAUX FLEURS PLUMES
AUX GALERIES LAFAYETTE
AUX GALERIES LAFAYETTE
ar Lafayette et la Chaussée d'Antin

△ L'épicerie familiale dans le village d'origine d'Alphonse Kahn, Kolbsheim. Quand il arrive à Paris, ce fils de commerçants a en main tous les atouts pour créer une activité commerciale innovante.

▽ La pouponnière des Galeries Lafayette. Sa création reflète l'influence du modèle alsacien, qui accordait une grande importance au caractère social de l'entreprise, par ailleurs largement paternaliste. De même, les mises en place aux Galeries Lafayette de caisses de retraite ou de secours sont des éléments qui se retrouvent dans beaucoup d'entreprises alsaciennes.

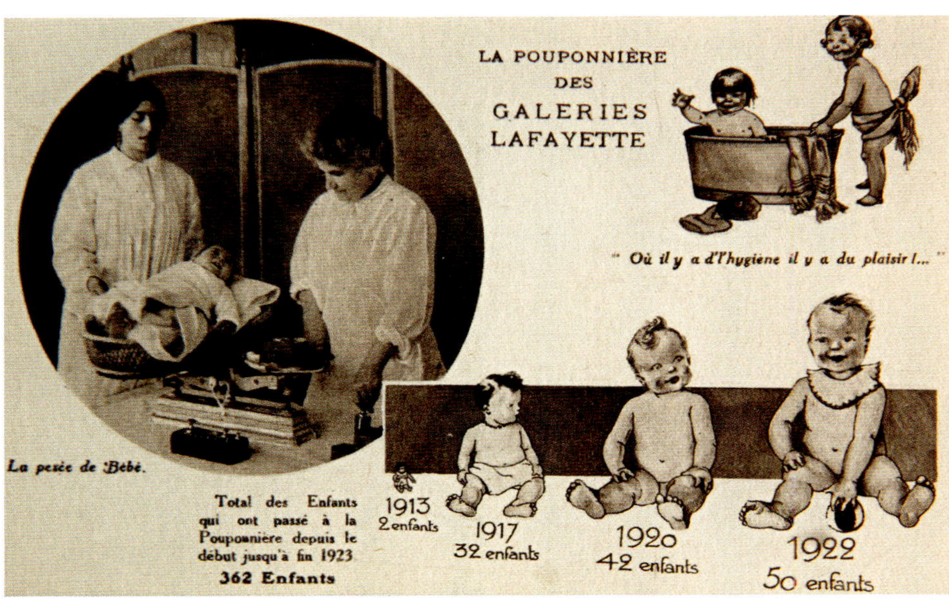

Max Heilbronn, reprendront l'affaire. Aujourd'hui encore, le magasin appartient aux descendants de Théophile Bader. Outre cette continuité, la solidarité familiale a joué un rôle important dans le fonctionnement des Galeries : actionnaires, membres du conseil d'administration, commissaires aux comptes et jusqu'aux chefs de rayons beaucoup d'intervenants étaient liés aux Bader. Par ailleurs, il semble qu'on employait volontiers des Alsaciens, car la famille communiquait couramment dans son dialecte régional – et le comprendre facilitait évidemment les relations de travail.

Autre caractéristique alsacienne, le caractère résolument avant-gardiste de ses créateurs, qui ont en quelque sorte inventé le circuit court dans le domaine de la production. Théophile Bader fréquentait les champs de courses et tous les lieux mondains de la Belle Époque, accompagné d'une dessinatrice modéliste, laquelle croquait les modèles des élégantes, aussitôt copiés et fabriqués dans les ateliers des Galeries. L'une des particularités de l'établissement était en effet

Souvenir de Champrosay

◁ Alphonse Kahn et sa femme, Georgette. Comme l'usage le voulait chez les juifs alsaciens exilés à Paris, et désireux de se trouver une épouse de même confession originaire de leur région, Alphonse Kahn fit appel à une marieuse qui arrangea son union avec une ravissante jeune fille alsacienne.

LE RESTAURANT-SALON DE THÉ DES GALERIES LAFAYETTE

Quelle est la Parisienne qui ne connait pas la jolie, claire, gaie et spacieuse salle de Restaurant-Salon de Thé pour Dames des Galeries Lafayette ? Dans ce cadre charmant, où le talent de Cappiello s'est donné essor, un menu soigné, un service parfait sont offerts à toute cliente qui vient, entre deux courses, se restaurer en retrouvant une amie et lui parle de.. ses derniers achats.

△ Publicité pour le salon de thé des Galeries Lafayette, l'un des lieux de rendez-vous à la mode pour les clientes du magasin.

▷ Égérie de son mari, Georgette Kahn devient l'image même de l'élégante Parisienne.

▷▷ Le hall du nouveau grand magasin en 1912. L'avant-gardisme des deux cousins se reflète dans leurs choix architecturaux : construit par Ferdinand Chanut, ce bâtiment est le premier édifice à usage commercial réalisé en béton armé. La coupole est dotée d'une structure créée par les établissements Eiffel. Tous les éléments de ferronnerie qui le complètent ont été réalisés à Nancy, dans les ateliers Majorelle.

d'avoir très tôt intégré la fabrication – d'abord pour les chapeaux, puis pour la confection féminine – à échelle industrielle. Les modèles ainsi réalisés étaient rapidement mis en rayons à des prix imbattables, sans rapport avec ceux de la haute couture, modèle dominant de l'époque. Selon les chroniqueurs d'alors, les Galeries Lafayette ont ainsi fait entrer la mode dans les grands magasins.

Comme beaucoup de leurs compatriotes expatriés, les deux fondateurs étaient extrêmement attachés à leurs racines régionales. Chaque 14 juillet, dès que sa commune redevint française, Théophile Bader offrit des chocolats aux enfants de sa ville natale. En 1930, il renouvela les uniformes de la fanfare de sa ville, qui fut d'ailleurs invitée aux Galeries Lafayette en 1937. Aujourd'hui, une rue de Dambach-la-Ville porte son nom, et le 4 juillet 2004, le maire, accompagné du conseil municipal, vint faire une « visite de mémoire » officielle aux Galeries Lafayette.

GRANDS MAGASINS

Le Centre à Paris

Intérieur du bal Les Barreaux verts, rue de Lappe, en 1923, l'un des lieux de rendez-vous des Auvergnats de Paris, au cœur de « la Petite Auvergne ».

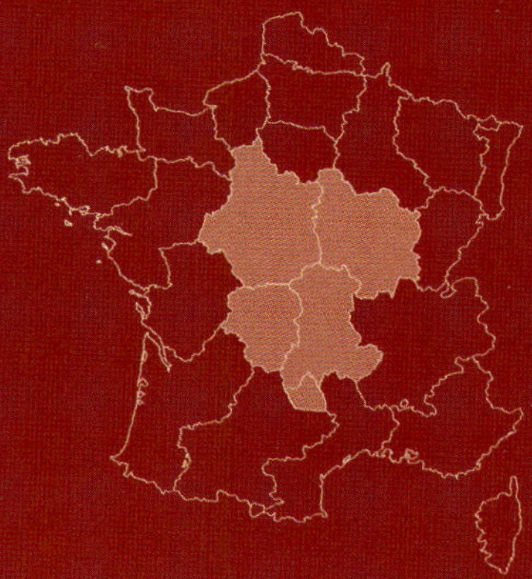

L'album de famille d'un **Bas-Berrichon** parisien

Aujourd'hui, Didier Brunet est le bâtonnier de la Saint-Vincent, et organise cette fête chaque année. Entré à quatorze ans dans le milieu associatif, il n'en est jamais sorti. Son objectif : pérenniser la culture, les danses et les chants du Berry.

Chaque soir, en rentrant après le travail dans son appartement du 12e arrondissement, Didier Brunet, Berrichon, lit les nouvelles du pays dans son journal favori, *le Berry républicain* – rubrique nécrologique, page des sports... Un lien quotidien avec le pays. Et quand il boit son café, c'est dans une tasse évoquant les anciens métiers de son pays d'origine.
Sa vie, c'est le Berry !

▽◁ ET ▽ Didier enfant, dans la ferme familiale. « Nous passions toutes nos vacances dans le Berry. Je me rappelle la maison de mes arrière-grands-parents. Elle comportait une pièce qui servait de cuisine, de salle à manger et de chambre à coucher. Les toilettes étaient au fond du jardin. »

◁ Didier, sa femme, Martine, et sa fille Claire. Sur la photographie, on aperçoit Didier enfant, en costume folklorique berrichon.

△ **La famille Baraton pose en costume du dimanche, vers 1910, au Châtelet-en-Berry. Autrefois, dans ces familles modestes, l'habit du père était bien souvent celui de son mariage et devait durer jusqu'à sa mort. Paul, le grand-père maternel de Didier, est le petit garçon en costume de marin, qui montera à Paris dans les années 1930.**

Dans son album de photographies, un siècle familial s'écoule, entre le Berry et Paris. Dans cette lointaine région de Sancerre, chacun possède son petit coin de vigne, une production familiale épargnée par la grande crise du phylloxéra – sans doute la raison pour laquelle les arrière-grands-parents de Didier n'ont pas quitté leur pays à la fin du XIXe siècle pour chercher du travail à Paris, comme l'ont fait tant de Sancerrois. Dans ce Bas-Berry, c'est la génération suivante qui émigre : Jean-Eugène Brunet, du Châtelet-en-Berry, et Yvonne – née à Bruère-Allichamp, l'un des trois villages qui se disputent le titre de centre géographique de la France – se marient en 1924, et montent à Paris, désireux de quitter une condition sans avenir. Là, Jean-Eugène trouve un emploi aux Nouvelles Messageries de la presse parisienne. Sa femme devient lingère à l'hôpital puis à la Fondation Rothschild, rue Picpus. Elle y noue des liens avec des familles israélites qu'elle aura l'occasion d'aider sous l'Occupation. Pierre, leur fils, naît le 23 février 1930. Et il naît dans le Cher ! Yvonne est retournée au pays pour accoucher dans sa famille : son fils sera berrichon, point final. Puis le bébé grandit à Paris, fréquentant une école rue des Bois. Dans la capitale, le couple entretien des liens d'amitié avec d'autres compatriotes et fréquente la sœur de Jean-Eugène, mariée à un Parisien de souche berrichonne, mais l'expérience associative ne débutera qu'après la guerre.

La branche maternelle est également bas-berrichonne depuis des générations. Et de ce côté, ce sont aussi les grands-parents de Didier, Marcelle et Paul Baraton, qui tenteront leur chance à Paris, à la fin des années 1930, avec leur fille Lydie, née au pays. Paul travaille un temps à Courbevoie, chez Staub, puis il se reconvertit, et ouvre à Neuilly la cordonnerie Saint-James – travail soigné ! – où le gratin parisien et diverses célébrités font ressemeler leurs chaussures.

Après la Libération, les grands-parents de Didier sont donc tous établis à Paris lorsque l'Amicale bas-berrichonne voit le jour, créée par Maurice Delord, avec ses bals, fêtes, banquets et voyages… Chaque année, l'on élit la « bergère » et sa demoiselle d'honneur. Autant d'occasions de se retrouver ou de se rencontrer. Les jeunes fondent un groupe folklorique, les Pastouriaux du Berry, et Lydie Baraton tombe amoureuse de Pierre Brunet en dansant la bourrée. Ils se marient au pays, comme il se doit. Didier naît cinq ans plus tard. À Paris, la vie s'organise en famille : parents et grands-parents paternels habitent face à face, rue des Lilas.

◁◁ Mariage de Jean-Eugène Brunet et d'Yvonne dans le Berry, le 18 août 1924. Didier, qui adorait ses grands-parents, épousera sa femme un 18 août, en 1990...

◁ Pierre et Lydie, les parents de Didier, se sont également mariés au pays, en 1954.

▽ La cordonnerie Saint-James à Paris : « Après avoir côtoyé Maurice Chevalier et les autres célébrités de l'époque, mon grand-père a quitté Neuilly pour Bécon. À cette époque, un cordonnier était le bienvenu partout : même les petites gens faisaient réparer leurs chaussures. »

△ **Tous réunis pour la Saint-Vincent, les Sancerrois, au centre, une Bourguignonne au second rang, coiffée de son brelot, une Picarde à gauche, en matelote, et un Picard en costume de Lafleur. Le bâton de saint Vincent est en cep de vigne de Sancerre, et porte une statue du saint en grès de La Borne.**

Entré à quatorze ans dans le milieu associatif, Didier n'en est jamais sorti. Aujourd'hui, il est le bâtonnier de la Saint-Vincent, une messe organisée depuis plus de cinquante ans par les Sancerrois de Paris en l'honneur du patron des vignerons. La fête se déroule à Saint-Germain-l'Auxerrois, église placée sous le double vocable de saint Germain et saint Vincent, dont elle conserva des reliques jusqu'à la Révolution. Également originaires de riches régions viticoles, Picards et Bourguignons parisiens se joignent aux Sancerrois, vêtus de costumes traditionnels, et portant les bannières de leurs associations lors de la procession qui défile au son de la vielle, menée par Didier en grande tenue de vigneron. Après la célébration, un vin d'honneur réunit les participants, et le sancerre y coule à flots, généreusement offert par les viticulteurs du pays, lesquels remercient ainsi leurs compatriotes exilés, à qui ils doivent le succès de leur

△ À droite, Didier dans son costume de bâtonnier. À la fin de la messe, l'assemblée s'apprête à entonner le cantique de la Saint-Vincent : « Saint Vincent, nous t'en supplions / À nos coteaux rends l'abondance / Et redonne encore l'espérance / Au cœur de tous les vignerons… »

▽ Ce tastevin des Berettes de Bué appartient à Didier. Chevalier de l'Ordre du pâté aux pommes de terre, chevalier gustateur du Cœur de France, des Berettes de Bué, de la confrérie de Saint-Guerlet, et d'autres congrégations, il collectionne leurs insignes évoquant sa région.

vin dans la capitale. En effet, après la crise du phylloxéra, pour restaurer la popularité du vin franc et direct produit par de nouveaux cépages, les Sancerrois de Paris firent chaque dimanche la tournée des cafés et des bars en réclamant à grands cris : « Un sancerre ! » Voilà comment se font les réputations : ce vin devint bientôt celui qu'on se jetait derrière la cravate, au comptoir, dans tous les bistrots de la capitale !

Les maçons de la Creuse

« Voyez le Panthéon / Voyez les Tuileries
Le Louvre et l'Odéon / Le palais de l'Industrie
De tous ces monuments / La France est orgueilleuse
Elle en doit l'agrément / Aux maçons de la Creuse. »

La Chanson des maçons de la Creuse*, écrite par Jean Petit dit Jan dau Boueix (1810-1880), tailleur de pierre devenu entrepreneur, était l'hymne des ouvriers creusois.*

Dès la fin du XVe siècle, la misère conduit les paysans limousins à chercher dans les grandes villes de nouveaux moyens de subsistance. Les Creusois deviendront ouvriers du bâtiment, et leur histoire, comme celle de leur région, est liée à la construction même de la capitale, maçonnée dans ses murs, gravée dans ses pierres. Dans la seconde partie du XIXe siècle, les travaux haussmanniens nécessitant une main-d'œuvre importante, toutes les forces vives de la région, ou presque, partent « faire campagne » en ville. Ils s'en vont au mois de mars, lorsque les grues qui passent au-dessus de la Creuse migrent vers le nord.

◁ Maçons creusois quittant leur chantier parisien. « C'est un curieux spectacle que de les voir traverser ainsi Paris sans s'arrêter ni même se parler, ne faisant d'autre bruit que celui de leurs gros souliers cloutés. » (Henri Vincart, *l'Illustration*)

△ Le massif forestier de Chabrières, qui domine Guéret, abritait des carrières de granit aujourd'hui abandonnées. Les tailleurs de pierre de la région en tiraient principalement des pavés destinés à la capitale. Aujourd'hui encore, le granit de Guéret est réputé pour sa résistance à l'usure en raison de sa forte teneur en quartz.

▷ Outre les terrassiers bretons, nombreux furent les Creusois qui œuvrèrent à la construction du métropolitain. De 1898 jusqu'à la Première Guerre mondiale, une armée de terrassiers creuse le sous-sol de la capitale, qui se transforme en un vaste chantier, percé de trous et couvert de gravats qu'il faut déblayer sans répit.

Jusqu'en 1850, par souci d'économie, le voyage se fait à pied. Rude entrée en matière pour les enfants, qui, dès l'âge de onze ans, suivent leur père pour travailler comme manœuvres – ou goujats – sur les chantiers. Au fil des campagnes, ils deviendront limousins, chargés de bâtir les ouvrages en mortier, puis compagnons maçons.

À Paris, les maçons de la Creuse se regroupent et s'entraident, reconstituant les communautés propres à leur région d'origine. Tous s'expriment en patois. Ils s'entassent à plusieurs dans les garnis des quartiers les plus misérables de la capitale, dormant sur des paillasses, économisant sur tout, mangeant du pain pour calmer la faim à peu de frais. Et, jusqu'à ce que le dimanche soit décrété jour chômé obligatoire, en 1906, ils préfèrent chômer le lundi, afin d'éviter la dépense d'un meilleur habit pour le dimanche. Leur tenue se résume souvent à une vieille chemise et un pantalon de seconde ou troisième main, dégottés dans une friperie. Le métier est dangereux, épuisant. On travaille par tous les temps, douze heures par jour, et presque tous les jours. Alors, la solidarité entre compatriotes remplace une protection sociale totalement inexistante. Mais la vie urbaine comporte d'autres écueils : l'alcool et les prostituées parisiennes, chacun apportant un réconfort éphémère aux exilés tout en veillant à les délester d'une partie de leurs économies.

Puis, quand le gel interdit tout travail sur les chantiers, les hommes rentrent au pays, en bande si possible afin de n'être pas détroussés en chemin. Cette fois, c'est le vol des grues partant vers le sud qui annonce leur retour au village. Leur arrivée est fêtée par tous. Pour ceux qu'attendent femme et enfants, le pécule laborieusement amassé est aussitôt utilisé pour payer les dettes contractées en leur absence. Aux autres, il permet de trouver une femme – car ces économies, si menues soient-elles, éblouissent les filles : dans un pays où l'on ne voit jamais d'argent, celui-ci a du moins le mérite d'être tangible. Durant les trois mois d'hiver, veillées, bals et mariages se succèdent…

Au cours des veillées, chacun écoute le voyageur raconter sa campagne parisienne. On découvre de nouvelles opinions politiques ; une conscience sociale aiguë, acquise au contact des milieux ouvriers et urbains, se fait jour. Grâce aux migrants, une idéologie de gauche mêlée d'anticléricalisme se propage en Creuse. Décidés à lutter pour améliorer leurs conditions de vie, les maçons comprennent que l'alphabétisation est un atout majeur. Aussi, beaucoup suivent des cours du soir durant le séjour à Paris, et en hiver, instruisent leurs compatriotes. Quand le compagnonnage perdra de son influence, les maçons creusois seront en mesure de créer les premiers syndicats ouvriers.

Jean-Marie Sachet,
de Guéret au Louvre

△ **Le village de La Celle-Dunoise, près de Guéret, berceau de la famille Sachet, au début du XXe siècle. « J'ai restauré l'ancienne ferme de mes grands-parents. Lorsque je l'ai quittée pour la première fois pour aller à l'école Felletin, j'avais tellement le mal du pays qu'une nuit, je me suis enfui avec deux copains pour rentrer au village. Plus tard, quand j'ai découvert Paris, je n'avais qu'une idée en tête : retrouver la Creuse. »**

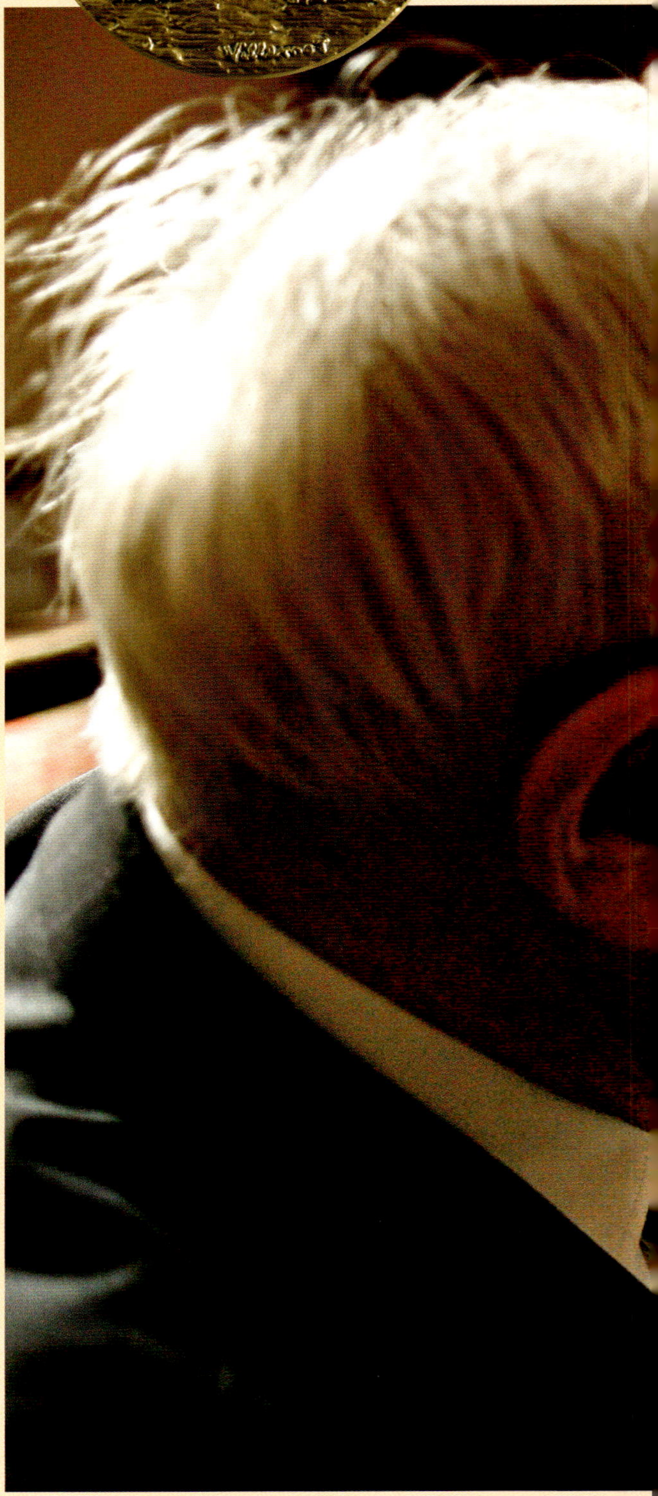

« Je suis né en 1930 à Paris, où mon père travaillait comme maître compagnon. À son arrivée dans la capitale, il s'était installé à l'hôtel de la Creuse, rue Brancion. Il y a rencontré ma mère, Henriette, la fille de la patronne ! À l'âge d'un mois, on m'a confié à mes grands-parents paternels, Ernest et Félicie, qui possédaient une petite ferme en Creuse, à La Celle-Dunoise. Ils m'ont élevé. Mon grand-père me racontait ses anciennes campagnes à Paris, et comment, enfant, il montait le ciment aux maçons en haut des échafaudages, à l'aide d'un « oiseau », ce châssis qu'on portait sur le dos. Pendant les vacances, mes parents revenaient au pays.

Lorsque j'ai eu mon brevet, à treize ans, je suis entré à l'école Felletin, comme le souhaitait mon père. Je rêvais d'une carrière plus littéraire, mais il voulait que je sois tailleur de pierre, et c'est ce que je suis devenu. Une fois diplômé, j'ai passé le brevet professionnel des monuments historiques à l'école Saint-Lambert de Paris.

C'est alors que j'ai découvert la capitale ; j'avais dix-sept ans. Plus chanceux que mes condisciples creusois qui

« J'ai participé aux travaux du grand Louvre. Plus tard, il y a eu la restauration de la Sainte-Chapelle, les travaux du Pont-Neuf... Comme quoi, l'histoire des maçons creusois à Paris n'est pas close. »

logeaient à l'école, je me suis installé chez mes parents, rue Olivier-de-Serres. La ville me semblait immense. J'avais peur de ne pas m'y retrouver. Et comme j'étais trop fier pour demander mon chemin, j'ai passé deux jours à parcourir le métro en tous sens, pour en découvrir les lignes et pouvoir me débrouiller tout seul.

À l'époque, je détestais Paris. Toutefois, y rester m'a offert la possibilité d'évoluer rapidement dans l'univers du bâtiment. J'ai travaillé pour des entreprises parisiennes, comme responsable des carrières de pierre et conducteur de travaux. Puis, en 1970, je me suis lancé, j'ai créé ma propre affaire. Une fois entrepreneur, je suis revenu à mes premières amours : j'ai obtenu la "qualification 15" ouvrant la voie des restaurations pour les monuments historiques. Voilà comment j'ai participé aux travaux du grand Louvre, d'abord dans la cour Carrée, puis lors de l'aménagement de l'aile Richelieu. La pierre, dans les cours Marly et Puget, c'était nous, tout comme l'installation des taureaux dans la cour Khorsabad. Plus tard, il y a eu le musée du Judaïsme, celui de a Shoah rue Geoffroy-l'Asnier, la restauration de l'église Saint-Gervais, celle de la Sainte-Chapelle, les travaux du Palais de justice, ceux du Pont-Neuf… Comme quoi, l'histoire des maçons creusois à Paris n'est pas close. »

▽ Jean-Marie Sachet, feuilletant le livre édité pour le cinquantenaire de l'école Felletin, examine la photographie de sa promotion, prise en 1947. « Je suis resté très attaché à cette école. D'ailleurs, il y a quelques années, j'ai contribué à la gérer. Quand je vous disais que les Creusois se sont toujours préoccupés de la formation de leurs jeunes ! »

LIQUEURS
DE
Mon VIDALENC

Le Réveil du Xe, tradition auvergnate

« Un dans le Cantal, un dans le Puy-de-Dôme et le dernier dans l'Aveyron ! »

Aurélie est née à Paris, elle y a grandi, et aujourd'hui elle y travaille. Mais Aurélie n'est pas parisienne, elle est auvergnate. Ses yeux pétillent quand elle l'affirme. À vingt-six ans, elle est la patronne du Réveil du Xe, un chaleureux café sis rue du Château-d'Eau. Quoi de plus naturel, quand la tradition de bougnat est si fortement chevillée à l'histoire d'une famille depuis des générations ? Son grand-père paternel, Jean-Marie Vidalenc, un homme généreux et fier de ses origines, garde en mémoire l'aventure familiale : tout a commencé quand Auguste et Marie, ses parents, sont arrivés dans la capitale, après la Grande Guerre…

◁ Auguste et Marie Vidalenc, alors enceinte de Jean-Marie, posent devant l'hôtel du Progrès, 48, rue de la Réunion, en 1930. La première génération de Vidalenc, avec à gauche un cousin venu de Malbo, qui possédait une affaire située dans la même rue, au numéro 76. Un autre cousin était installé au numéro 94. Une façon comme une autre de se remémorer le village : on reforme le clan, on s'entraide.

« Robert, il arrivait du pays. Il était heureux de travailler chez nous, parce qu'il pouvait parler patois avec moi, comme au village… »

Auguste et Marie se sont mariés au pays, mais Auguste est le quatrième d'une famille de onze, et la ferme familiale, à Malbo, ne peut tous les nourrir. Depuis la fin du XIXe siècle, la route est tracée par le chemin de fer, et bien des Auvergnats l'ont empruntée avant eux, pour débarquer un beau jour gare d'Austerlitz. Un beau jour ? Vite dit. Car l'arrivée dans la capitale est plutôt effrayante pour qui n'a jusqu'alors connu que son village et ne sait que traire les vaches.

Pourtant, quand Auguste et Marie descendent du train, les compatriotes ont déjà conquis Paris. Les heures les plus rudes sont passées, celles des années 1880, quand les gars et les filles qui débarquaient parlaient à peine français. Les titis parisiens avaient beau jeu de se moquer d'eux. Est-ce l'une des raisons qui pousse les Auvergnats à se regrouper, les premiers arrivés aidant les nouveaux venus ? Au final, les natifs d'un même canton exercent tous le même métier. Ça commence par l'oncle, venu vous récupérer à la gare, qui vous héberge un temps et vous enseigne les rudiments de sa profession. Puis le « téléphone auvergnat » joue son rôle. Grâce au bouche-à-oreille, quelques jours suffisent pour dénicher une place au jeune apprenti charbonnier, laitier nourrisseur, limonadier ou brocanteur. Ainsi les natifs de Mauriac deviennent-ils ferrailleurs. Ils s'établissent à la Bastille, dans la rue de Lappe, la rue des ferrailleurs.

Auguste Vidalenc, lui, trouve un emploi de garçon d'hôtel. Son épouse devient femme de chambre. Après quoi, de fil en aiguille, les voici patrons de l'hôtel du Progrès, 48, rue de la Réunion, à Paris. En 1931 naît leur fils, Jean-Marie. À cette époque, on travaille dur chaque jour de la semaine, on commence tôt le matin pour finir tard le soir. Pas de temps pour s'occuper d'un enfant… Alors on envoie le petit dans la ferme familiale, chez les grands-parents. À dix-huit mois, Jean-Marie est à Malbo. Il a six ans quand il revient à Paris, mais un début de pleurésie le ramène à ses monts du Cantal. Accords de Munich, l'entrée en guerre… Les événements qui secouent la France le gardent à la ferme.

De cette période, il conserve des souvenirs vivaces. Le glas de toutes les églises du pays, se répercutant de vallon en vallon lors de la déclaration de guerre. L'arrivée d'une sœur de son père, établie rue de Reuilly, remontée au pays lors de l'exode, sans Marie, restée seule rue de la Réunion. Fou de chagrin, le petit se sauve et reste caché toute une journée.

En 1946, Jean-Marie part à Paris, pour de bon cette fois : il est temps de se trouver un métier. Dans un coin de sa tête, il y a aussi Odette, la jolie Parisienne venue en vacances à Malbo, dont les parents sont des Auvergnats installés à Saint-Maur. Le jour de la fête du

▽ Jean-Marie et Odette devant le bar-tabac Lacarrière à Saint-Maur, avec la petite Josette tout juste revenue d'Auvergne. À cette époque, le bar appartient encore à Philomène.

▽▷ La cour de la ferme familiale à Malbo, le berceau de la famille.

village, Odette et Jean-Marie ont dansé ensemble. Ils se sont quittés avec l'espoir de se revoir, un jour, à Paris. Il faudra deux ans avant que le rêve se réalise.

Arrivé dans la capitale, Jean-Marie est sous le choc. La ville est trop grande, trop peuplée, trop bruyante, elle manque d'arbres et d'air. Les gens sont pressés, ils vous bousculent, ils pestent contre le lourdaud mal dégrossi. Heureusement, il y a la famille, et les copains – ceux qui sont déjà là, et ceux qui arrivent ensuite. On trouve rapidement ses repères au sein de cette communauté auvergnate, bien vivace et si accueillante, où chaque village a son amicale, peuplée de visages familiers.

Jean-Marie donne un coup de main à ses parents, rue de la Réunion… avant de partir fabriquer du chocolat chez Suchard ! Mais son destin d'Auvergnat va le rattraper. Ce destin a le visage d'Odette, la jolie vacancière de Malbo, qui surgit de nouveau dans sa vie à l'occasion d'un bal, comme la première fois… dans les salons Vianney, un des coins de Paris où les Auvergnats vont guincher au son de la cabrette et de la vielle. Alors, comme dit la chanson, « quand on s'est retrouvé, pourquoi se séparer ? » D'autant que, chez Odette, on est également attaché à ses origines. Ce gendre auvergnat est bien accueilli.

Les parents de la jeune fille, Antoine et Philomène Lacarrière, ont connu une trajectoire qui ressemble à celle des Vidalenc. Originaires de la vallée de Brezons,

△ La famille Lacarrière, Philomène et Antoine, devant leur café Au Tout Va Bien de Plaisance, derrière la gare Montparnasse. C'est le bougnat dont ils rêvaient, l'une de ces affaires prospères qui associent au commerce de charbon celui des vins et liqueurs – tout cela disparaîtra avec l'arrivée du gaz et du fioul.

◁ Pierre Gay et sa femme, Andrée, ont tenu le café du Daru à Désertine. À la fin des années 1960, Pierre et Andrée montent à Paris avec leurs enfants.

PREMIÈRE ANNÉE — N° 4. HEBDOMADAIRE LE NUMÉRO : 10 CENTIMES LUNDI 27 AVRIL 1908

Le Réveil du Xème

Organe Radical-Socialiste
et de Défense des Intérêts Généraux de l'Arrondissement

Directeur : ALBERT BARREY
10, Rue des Petites-Écuries, 10, Paris

ABONNEMENT ÉLECTORAL 50 CENTIMES

ABONNEMENT ÉLECTORAL 50 CENTIMES

Élections Municipales
du 3 Mai 1908

Candidats du Parti Radical et Radical-Socialiste

QUARTIER SAINT VINCENT DE PAUL
Henri TOUSSAINT
Ancien Officier. — Industriel

QUARTIER DE LA PORTE SAINT-MARTIN
J. BÉCRET
Négociant
Délégué cantonal
Candidat des Commerçants et Industriels
Unique candidat
de la Fédération radicale et radicale-socialiste

QUARTIER DE LA PORTE SAINT-DENIS
Félix JÉGU
Banquier Changeur
SECRÉTAIRE-TRÉSORIER DE LA CHAMBRE SYNDICALE DES BANQUIERS DE PARIS, VICE-PRÉSIDENT DU COMITÉ MUNICIPAL RADICAL ET RADICAL-SOCIALISTE DU QUARTIER, MEMBRE DE LA SOCIÉTÉ DES AUTEURS-COMPOSITEURS ET ÉDITEURS DE MUSIQUE.

La Situation

NOS CANDIDATS

HENRI TOUSSAINT

ALBERT BARREY

DEMANDEZ ET EXIGEZ
« Réveil du Xe »
dans tous les Cafés
dans tous les Bars
et chez tous les Coiffeurs.

△ Aurélie ne connaît pas l'origine du nom du Réveil du Xe. Lorsque ses parents ont repris la gérance, le café portait déjà ce nom. Peut-être y a-t-il un lien avec l'hebdomadaire radical-socialiste du même nom, créé en 1908 et consacré à l'arrondissement ? Celui-ci était diffusé dans les cafés et chez les coiffeurs. L'édition du 27 avril 1908 est affichée sur l'une des colonnes du café.

△▷ ET ▷ Marie et Auguste Vidalenc posant derrière le comptoir de l'hôtel du Progrès.

dans le Cantal, ils sont venus à Paris pour se faire bougnats. D'abord gérants d'un hôtel rue de Charonne, ils officient Au Tout Va Bien de Plaisance, situé derrière la gare Montparnasse. Des années plus tard, ils sont propriétaires du bar-tabac auquel ils donnent leur nom, à Saint-Maur.

Odette et Jean-Marie se fiancent pour leurs vingt ans. À la mort d'Antoine Lacarrière, en 1953, Philomène propose la gérance de son bar-tabac au jeune couple. Adieu le chocolat ! Jean-Marie et Odette se lancent dans la carrière de bistrot et resteront quatre ans à Saint-Maur. Naît Josette, leur fille, bientôt suivie d'un garçon, Daniel. Comme leur père naguère, les petits passent leurs premières années au pays.

En 1957, les parents de Jean-Marie vendent l'hôtel du Progrès et prennent leur retraite. Alors, Jean-Marie et Odette se lancent. Avec l'argent gagné à Saint-Maur, ils achètent leur première affaire, le tabac des Sports, à Nogent-sur-Marne. Plus tard, ils s'installent au Reilhac, rue du Faubourg-Saint-Denis à Paris. « Nous y sommes restés vingt ans et demi », précise Jean-Marie avec satisfaction.

Au Reilhac, on embauche des Auvergnats. Au début, c'est une serveuse du Lot. Quand elle prend une gérance avec son Auvergnat de mari, Robert la remplace. « Robert, se souvient Jean-Marie, il arrivait du pays. Il était heureux de travailler chez nous, parce qu'on parlait patois tous les deux. Au début, il ne savait pas travailler. Mais comme c'était un pays, on lui a fait confiance. Il préférait le comptoir. Le premier jour où il a fait la salle, il était rouge, rouge… et il transpirait drôlement ! »

On travaille dur, mais ce sont de belles années. Les enfants grandissent… un peu comme au village. Chez les Vidalenc, on parle le patois. On fréquente les banquets des amicales, on est très tôt plongé

△ Aurélie a passé toutes ses vacances au village, et sa carte s'en ressent : son fromage arrive du Cantal et sa charcuterie de Mur-de-Barrez. Mais il n'y a pas que le cochon qui vient du pays ! Pierre et Émilien, les serveurs, montés en vacances à Paris, ont aussitôt été embauchés. L'histoire se répète, la chaîne continue.

dans le folklore. Tout jeunes, Daniel et Josette sont inscrits dans des groupes folkloriques. Après leurs débuts aux Pastres et Pastretos, ils grimpent les échelons et sont admis à la Bourrée de Paris. Ces deux groupes folkloriques, Aurélie et son frère les fréquenteront plus tard. De la Bourrée, la jeune fille précise avec malice que c'est une véritable agence matrimoniale. Aujourd'hui encore, cette institution produit en moyenne un mariage par an. C'est là que Josette rencontre son futur époux. Et au début des années 1970, son frère Daniel y déniche à son tour la perle rare, Catherine Gay… Inutile de préciser que la famille Gay est originaire du Massif central. Daniel entraîne Catherine au Reilhac. Quelques années plus tard, le jeune couple Vidalenc obtient la gérance du Réveil du Xe, et finit par l'acheter.

△ Jean-Marie Vidalenc, à Paris, dans l'appartement de son fils au-dessus du Réveil du Xe, avec la photographie de ses parents devant l'hôtel du Progrès, rue de la Réunion.

△△ Daniel Vidalenc, surpris en 1993 derrière le comptoir du Réveil du Xe.

Aujourd'hui, leur fille Aurélie leur a succédé au Réveil du Xe, avec son mari, Pierre Cure, un Aveyronnais rencontré dans un établissement où tous deux travaillaient… chez un Auvergnat, bien sûr. Pierre Cure dialogue en patois avec le grand-père d'Aurélie. Jean-Marie et Odette se sont d'ailleurs retirés dans l'Aveyron, à Mur-de-Barrez, tout près de Malbo. Jean-Marie a retrouvé ses monts du Cantal et ses troupeaux de vaches de Salers. Les doigts des deux mains ne suffisent pas à dénombrer le nombre d'anciens Auvergnats de Paris revenus s'établir comme eux au pays. Alors la vie continue entre soi, avec casse-croûtes, veillées, ski de fond en hiver… On parle du bon vieux temps, quand on était bistrot, et des enfants ou petits-enfants qui travaillent encore dans la capitale. Aurélie s'est juré d'avoir trois enfants. « Ils ne naîtront pas ici. J'en aurai un dans le Cantal, un dans le Puy-de-Dôme et le dernier dans l'Aveyron, comme ça tout le monde sera content ! » Mais qui sait ? L'aventure auvergnate des enfants Vidalenc pourrait bien se poursuivre à Paris…

Jacques Mélac,
de Bozouls à Paris

« Mon père voulait repartir dans l'Aveyron, et il songeait à vendre son Palais du bon vin à une pizzeria. Ça m'a fait mal au cœur. Du coup, j'ai décidé de reprendre son affaire, et d'en faire un bistrot à vin. »

« Mon papa s'appelait Amans, Amans Mélac. C'était un Aveyronnais, un gars de la ferme. Heureusement pour lui, c'était un braconnier hors pair, et c'est grâce à ça qu'il est monté à Paris. Comme il était le dernier de sa famille, il devait partir chercher fortune ailleurs. Autrefois, on allait aussi loin que le permettaient les moyens de transport. Alors mon père, il est parti à Paris. Mais avant, il a braconné des martres, des renards, des fouines et des blaireaux, il a vendu les peaux – ça faisait de jolis cols pour les dames ! Et avec cet argent, il est parti, et il a pris sa première affaire. Autrefois, les Cantaliens étaient bougnats, et les Aveyronnais, limonadiers. Bon, il a donc pris la gérance d'un café. Puis d'un autre. Puis il a acheté son café. Puis un autre… Enfin le parcours habituel. À l'époque c'était pas trop cher un café, donc au bout de cinq ans il était remboursé, on le revendait pour en prendre un plus grand. Et ainsi de suite. On empruntait aux brasseries Richard, qui prêtaient de l'argent sur l'héritage futur… Finalement, en 1938, Amans a acheté un cours des halles rue Léon-Frot, et il l'a transformé en Palais du bon vin.

Après la guerre, il s'est dit qu'il y avait plein de pinard en Touraine auquel personne ne s'intéressait. Alors il a demandé des octrois pour aller chercher ce vin. Il a déniché des camions à Bercy, avec des gros tonneaux de 500 litres. Et voilà. Il partait la nuit chercher son vin, en emportant des bonbonnes pour échanger aux contrôles militaires allemands ou miliciens : une bonbonne vide contre une pleine, c'est comme ça qu'il passait. Et pour se nourrir, il allait voir le boulanger : “Tu veux du vin ? Donne-moi du pain !” Il allait voir le boucher : “Tu veux du vin ? Donne-moi de la viande !” Alors, il y avait toujours à peu près à manger et à boire à la maison, enfin pas de la viande tous les jours quand même.

Moi, je suis né début 1945. De quatre à onze ans, j'ai grandi dans l'Aveyron, vu que mes parents n'avaient pas le temps de s'occuper de moi à Paris, et j'y ai traîné mes guêtres un peu partout. C'est mon oncle Germain, le frère de mon père, qui m'a élevé.

◁ « J'ai eu la moustache très tôt. Une jeune femme qui me plaisait prétendait n'avoir des sentiments que pour les hommes qui portaient la moustache. Alors j'ai tenté ma chance. Et ça a marché. Ça marche toujours. Maintenant, c'est un peu ma marque de fabrique. Je la couperai quand je partirai d'ici. Mais pas d'inquiétude, ça repoussera… »

▽ Jacques Mélac est né à Paris ; mais son village, c'est Bozouls. Il se souvient d'avoir tenté de falsifier sa carte d'identité dès son plus jeune âge, afin de substituer Bozouls à Paris, mais… « Ça a fait un gros pâté ! »

▷ Étiquette de la vendange de 1998, évoquant à la fois le cinquantenaire du bistrot et la coupe du monde de football.

Mon village, c'est Bozouls. Je leur ai piqué des panneaux indicateurs pour les mettre ici, à Paris. Ils sont plus utiles dans mon café que là-bas. Là-bas, ils servent à rien, les gens savent où ils sont. Alors qu'ici, ça fait de la publicité à mon village.

En 1977, mon papa avait soixante-douze ans, il voulait repartir dans l'Aveyron, et il songeait à vendre son Palais du bon vin à une pizzeria. Ça m'a fait mal au cœur. J'étais sommelier à l'Intercontinental. Autrefois, on pouvait être sommelier autodidacte, suffisait de connaître les vins. Du coup, j'ai décidé de reprendre son affaire, et que ça serait un bistrot à vin. Inutile de vous dire que j'attendais un peu les clients : je faisais pas de Martini, pas de Coca-Cola... Dans ces années-là, les bars à vin, c'était pas à la mode.

Finalement, j'ai eu un sacré coup de bol : quand je suis arrivé, je voulais trouver une enseigne, mais je ne savais pas quoi mettre. Or, en Auvergne, devant toutes les entrées, il y a un pied de vigne, symbole de la création, du sang du Christ, et tout ça. Alors j'ai demandé à papa Mélac de m'envoyer un pied de sa petite vigne dans l'Aveyron. Je l'ai planté dans la cave, en 1977. En 1978, le pied de vigne a commencé à sortir au rez-de-chaussée, il a grimpé, grimpé, j'ai ouvert le vasistas, il est sorti par là. En hiver, impossible de le rentrer, alors j'ai fait un trou dans le mur, et durant l'été 1979, ça faisait déjà une jolie treille au-dehors. J'avais des potes, Les Haricots rouges, un groupe de jazz. Bref, un jour de fermeture, on était tous dehors, en train de draguer des meufs, en cueillant nos trois grappes. Passe une charmante jeune fille. Elle nous dit : "Qu'est-ce que vous faites ? – Vous voyez, on cueille des raisins et on cherche une vendangeuse." Alors elle dit : "Cherchez plus !" On est allés chercher une gamelle en plastique, elle a enlevé ses chaussures, et elle a écrasé le raisin.

▽▷ « Le Palais du bon vin de mon papa. »

▽▷▷ « Amans, il fréquentait les bals auvergnats des salons Vianney et le bal Delbord du boulevard de Charonne. Il y a retrouvé ma maman, Adrienne. Née à Paris, elle passait ses vacances en Auvergne et il la connaissait depuis toute petite. Ils se sont mariés. Neuf mois plus tard, pile poil, ma sœur est née ! Ensemble, ils ont pris leur première gérance appointée. »

Après, on lui a demandé son numéro de téléphone, et elle nous a envoyés balader. Mais on a un peu insisté, on frimait : "Si vous revenez, on fait les vendanges tous les ans !" Coup de pot : elle était journaliste, et elle a écrit un petit papier : "Vendanges tous les ans au bistrot Mélac, rue Léon-Frot"… Voilà que d'un seul coup, le téléphone s'est mis à sonner : nos prétendues vendanges, ça intéressait tous les journaux. Bref, de fil en aiguille, l'année d'après on a fait les premières vraies vendanges. C'était en 1980. Des amis sont venus jouer de la musique. On a vendu des demi-bouteilles aux enchères en tapant sur des casseroles, il y avait cinquante personnes dans la rue. Après, je suis passé à la télévision, et du coup des journalistes du monde entier sont venus nous voir. Évidemment, on a continué, d'autant qu'on s'amuse bien à chaque fois. Cette année, c'est nos vingt-neuvièmes vendanges ! Toujours avec le même pied de vigne. J'en ai planté deux autres, dont un grenache noir, mais il donne moins bien parce qu'il lui faudrait trois cents jours de soleil par an, alors ce raisin-là il est un peu rose ! »

◁△ ET △ « Pour les vendanges, on se débrouille. On installe des chaises dans la rue, un podium pour les copains musiciens de tous bords. Sur un autre, les gosses du quartier écrasent le raisin dans des demi-tonneaux. On vend des billets de tombola pour gagner une bouteille des vendanges précédentes. Les étiquettes sont dessinées par des gens différents chaque année : Charlélie Couture, Chambas, des petits vieux, Jean Dujardin, mes filles, moi, Sanseverino… »

◁ « Le maire de Bozouls voulait que je lui rende mon panneau ! Il exagère ! »

La Nuit arverne

En 1924 eut lieu le scrutin destiné à élire la première pastourelle du Massif central...

La soirée annuelle des Auvergnats de Paris était autrefois leur rendez-vous incontournable. Elle attirait alors des milliers de compatriotes, pour un bal populaire animé par des orchestres folkloriques renommés. Désormais plus élitiste, elle réunit quelque 800 participants autour d'un banquet, suivi d'une nuit dansante dont l'ambiance musette est garantie par les Cabrettes et Cabrettaïres, les chœurs et danses de la Bourrée de Paris, ainsi qu'un orchestre. En marge de l'événement, les plus jeunes se retrouvent autour d'un buffet, dans l'espace discothèque qui leur est réservé.
Le 15 décembre 2007, cette manifestation se déroulait dans les salons du Pré-Catelan, en présence du prince Albert II de Monaco. Le moment phare de la soirée reste l'élection de la pastourelle de la Ligue auvergnate et du Massif central. Car si, autrefois, la pastourelle gardait les chèvres et les moutons dans les pâturages du Massif central, elle représente aujourd'hui les Auvergnats de Paris. Mais ne saisit pas la houlette qui veut, même si les candidates sont moins nombreuses aujourd'hui qu'autrefois.

◁ Les musiciens du groupe Cabrettes et Cabrettaïres s'apprêtent à faire valser leurs compatriotes au son d'instruments traditionnels. L'histoire de la cabrette est liée à la colonie auvergnate de Paris, car c'est dans la capitale que cette cornemuse fut pourvue d'un soufflet, au milieu du XIXe siècle. Elle a conservé par ailleurs son hautbois d'origine, le bourdon, et le sac en peau de chèvre lui donnant son nom, qui se gonflait à la bouche avant l'apparition du soufflet. L'instrument ainsi modifié s'est rapidement répandu en Haute-Auvergne et en Aubrac. À l'aube du XXe siècle, son alliance avec l'accordéon des émigrés italiens donne naissance au bal musette parisien.

△ Une pastourelle et son pastoureau sous le regard d'un colporteur haut en couleur, qui évoque les marchands ambulants sillonnant autrefois le pays.

▷ La vielleuse corrézienne, avec sa vielle, instrument à vent dont les cordes sont frottées par une roue qu'actionne une manivelle. La musicienne est coiffée d'un barbichet, surnommé « ailes de papillon ». Dans les bourrées, qui réunissent des acteurs de régions différentes, les costumes traditionnels sont rarement d'origine, mais tous font appel à un savoir-faire des plus précis.

Pour mieux comprendre l'événement, revenons en arrière. Retournons aux origines de cette tradition. Fermons les yeux, et donnons-nous rendez-vous au banquet de la Ligue, le 13 décembre 1924… Il fait froid dans Paris, ce soir-là, ce qui n'empêche pas des centaines de jeunes filles d'affluer porte Maillot, vêtues des costumes du dimanche que portaient autrefois leurs grands-mères en Haute-Loire, en Lozère, en Corrèze, dans le Puy-de-Dôme, le Cantal, le Lot ou l'Aveyron… Les cartons d'entrée qui ont été mis en vente depuis des semaines dans divers rendez-vous auvergnats de la capitale sont partis comme des petits pains, et les optimistes qui se présentent pour en acheter le soir même sont refoulés. Mille quatre cents participants sont déjà inscrits, la salle du dancing de Luna Park où se tient la manifestation ne peut en recevoir plus. Les convives s'y retrouvent dès 19 heures. Si la soirée de Luna Park est restée mémorable dans l'histoire des Auvergnats de Paris, c'est bien parce qu'au cours de ce banquet eut lieu le scrutin destiné à élire la première pastourelle du Massif central, et ses demoiselles d'honneur.

Vu le nombre de participants, les résultats ne sont pas connus aussitôt. Il faudra même patienter un peu, et leur annonce fera l'objet d'un nouveau rendez-vous, le dimanche 18 février 1925, au Grand Salon des familles, avenue de Saint-Mandé. À 16 heures enfin, on proclame les résultats de l'élection. L'une après l'autre, chacune des quelque 150 candidates est appelée, en commençant par la moins chanceuse. Toutes sont complimentées et dotées d'un petit cadeau. Enfin, la première élue de chaque département reçoit un billet de 500 francs, et devient la dauphine de l'heureuse élue, qui, elle, remporte un gros bouquet, et pas moins de 3 000 francs. Eugénie Galtier, dix-neuf ans, originaire de Mur-de-Barrez, coiffe ses concurrentes au poteau. Cette élection obtint un tel succès que la Ligue promit de la renouveler chaque année.

Depuis le triomphe d'Eugénie Galtier, chaque année, les sept départements de la Ligue soumettent la pastourelle de leur choix, vêtue de son costume traditionnel, au vote du public de la Nuit arverne. Toutefois, devant les problèmes que soulevait ce mode de scrutin, soupçonné de favoriser les arrangements et le clientélisme, la Ligue s'est résolue à le réformer. Désormais, le vote s'effectue en deux fois. Les jeunes filles qui concourent se présentent quelques jours avant la Nuit arverne devant un jury restreint, qui les note sur les réponses apportées à des questions de culture générale et d'autres concernant leur région. Leur tenue et leur aisance à s'exprimer sont également considérées. Les notes obtenues sont finalement répercutées sur les résultats du vote public pour déterminer l'issue du concours. Ce qui ne change pas, c'est que, comme autrefois, on aime guincher en Auvergne, et tout finit par des chansons. En patois, bien entendu.

△ Dans quelques heures, Aurélie Portal, deuxième en partant de la gauche, deviendra la pastourelle de l'année. Ainsi, une Aveyronnaise succède… à une Aveyronnaise. Logique, vu la surreprésentation des membres de ce département, comme le murmurent certains ? Ce serait oublier un peu vite que chacun des sept départements représentés a vu l'une des siennes décrocher le titre si convoité au cours des dernières années.

◁ Quelques-unes des nombreuses candidates au titre de pastourelle de la Ligue lors de la première élection, en 1924. La lauréate, Eugénie Galtier, est la deuxième en partant de la droite au dernier rang.

Le Sud-Est à Paris

Commissionnaires savoyards de l'hôtel Drouot au début du XXe siècle.

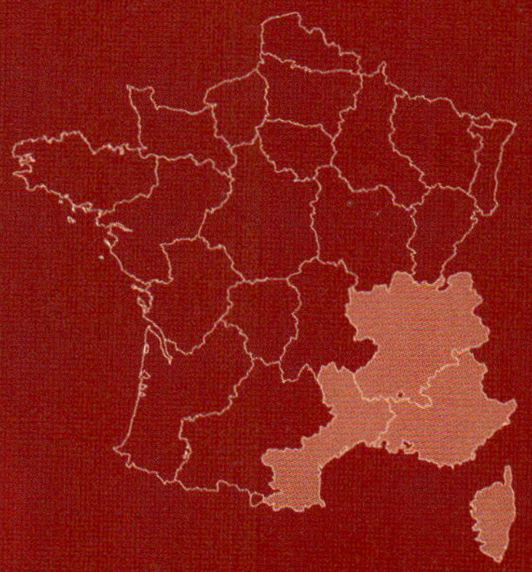

Guignol, un Lyonnais à Paris

Rencontre avec le Guignol du théâtre Anatole, aux Buttes-Chaumont.

« Venez par ici, que je vous racontasse mon histoire. Tout commence sur les pentes de la Croix-Rousse, à Lyon, chez les soyeux. Laurent Mourguet, un ancien canut devenu arracheur de dents, utilise une marionnette pour couvrir les cris des esbignés, et attirer le chaland. Comme ça marche du feu de Dieu, il se lance dans le spectacle satirique pour adultes. C'est ainsi que je suis né, vers 1808.
En 1836, j'ai traboulé jusqu'à Paris, dans les valises de Pierre Dumont, un compatriote. On a emménagé sur les Champs-Élysées, près d'un petit théâtre de Polichinelle. Le Polichinelle, on l'a dézingué vite fait : faut croire que l'humour lyonnais, pis l'énergie que j'emploie à lutter contre l'autorité et à combattre l'injustice, ça plaît aux enfants, parce que les spectateurs ont afflué chez Dumont, délaissant Polichinelle, qui a rendu les armes… et s'est fait Guignol, lui aussi. »

◁ La troupe des Petits Bouffons de Paris au complet : au premier plan, de gauche à droite, Guignol, Pascal Pruvost, le voleur Borgnebeigne, la mère Lulu, bignole parisienne, Bernard Willeme et la mère Bigoudi ; derrière, près d'une centaine de marionnettes, créées suivant les besoins des spectacles ou, pour les plus anciennes, patiemment rassemblées, chinées au hasard des brocantes, voire acquises à Drouot. Chacune mesure une soixantaine de centimètres. Les plus lourdes pèsent jusqu'à 4 kg.

△ Le guignol des Buttes-Chaumont dans les premières années du XXe siècle. On aperçoit Émile Labelle jouant de l'accordéon devant le castelet. Cet étonnant personnage fréquentait les milieux artistiques et littéraires de la capitale. Alfred Jarry réduisit notamment pour lui son *Ubu roi* en deux actes intitulés « Ubu sur la Butte », que Labelle joua au Guignol des Quat'-z'Arts, à Montmartre, en 1901. « C'est beau, ici. Il y a plus de monde dans cette salle que dans toute la ville de Lyon » déclare Guignol dans le prologue, avant de réclamer effrontément au directeur du théâtre « les frais de voyage de Lyon et de séjour à Paris » !

« Au début, c'était rude, je ne vous le cache pas. Fallait monter, démonter et remporter le castelet tous les jours. Après, on a pu s'installer en dur. Alors on a mis des bancs, pour le public payant. Mais le succès ne m'a pas tourné la tête, et j'ai pas oublié mon côté populaire : ceux qu'avaient pas de pécuniaux regardaient le spectacle derrière la corde qui les séparait des autres, gratis. Après, on leur passait le chapeau. Voilà qu'un gone habitué de la corde, Anatole Cressigny, se prend de passion pour moi. Lui, tout jeune, il joue avec Dumont, auquel il succède en 1872. À l'époque, les guignols se sont multipliés dans la capitale, y en a dans presque tous les jardins publics. Mais les marionnettistes ne vivent pas de leur art. Ils exercent les métiers les plus divers, un peu comme moi : menuisier, égoutier, cuisinier, fumiste, sellier… Cressigny, l'excentrique talentueux, qui se baladait avec des oignons ou des cerises accrochés aux oreilles, il s'est retrouvé à jouer pour Napoléon III, pour le président Mac-Mahon et tout le gratin parisien, mais il était couvreur plombier.

Avec Émile Labelle, son successeur, tout change. Çui-là voit les choses en grand : il exploite plusieurs théâtres

△ Le guignol des Champs-Élysées, fraîchement rebaptisé théâtre Anatole par Émile Labelle en souvenir de Cressigny. Rival de l'ancien Polichinelle exploité par Guentleur et devenu Au Plus Ancien Guignol de Paris, il se nomma tout d'abord Au Vrai Guignol, rappelant aux amateurs qu'il était en effet le seul théâtre de la capitale à posséder une authentique marionnette de Guignol lyonnais.

▽ Carte postale lyonnaise ancienne, représentant Guignol et son compère Gnafron devant la place Carnot, en face de la gare de Perrache, que l'on reconnaît à son monument de la République. L'arrivée de Guignol à Paris fait mentir Gnafron, qui, à cette époque, avait conquis la capitale avec lui.

△ Pascal Pruvost dans son atelier. Les têtes sont pour la plupart commandées à Lyon, chez Gilbert Pavaly, sculpteur de marionnettes renommé. Elles arrivent brutes, leurs marionnettistes les maquillent à la gouache, les coiffent, les gainent et les habillent. Dans l'atelier, trois têtes attendent leurs finitions, à côté d'une maquette de castelet réalisée par Bernard Willeme. Sur les têtes anciennes, les yeux sont en sulfure de verre.

– deux aux Champs-Élysées, un près de Notre-Dame, un place des Vosges, un aux Buttes-Chaumont, ouvert en 1892, et un autre au Touquet-Paris-Plage pendant la saison. Le trusteur de marionnettes, qu'on l'appelait. Vers 1900, il change le nom de son théâtre, et le nomme Anatole en souvenir de son illustre prédécesseur. Finalement, en 1933, quand il ferme ses autres concessions, le nom de guignol Anatole est transféré au castelet des Buttes-Chaumont.

Depuis, les guignolistes s'y sont relayés. Embreudille, le retraité des Postes passionné de marionnettes ; Roland Wagner, qui redore son blason terni par les années à partir de 1963 ; et Pascal Pruvost, des Petits Bouffons de Paris, arrivé en 2003. Jamais de père en fils ! L'idée c'est de se choisir un successeur, fidèle à l'esprit d'Anatole, jouant avec la tradition et la modernité. Pari gagné, si vous voulez mon avis. Bien sûr, ça n'a pas toujours été rose : pendant la tempête de 1999, un arbre est tombé sur notre castelet, bing ! On l'a reconstruit à l'identique, non sans mal. Bernard Willeme a reconstitué le décor d'origine. Je m'y sens chez moi. Et malgré divers tracas, jusqu'ici, on s'est toujours débrouillés pour rester indépendants. Libres, joyeux, et insoumis, comme des canuts lyonnais. Tout moi, quoi ! »

△ Guignol, entouré de Madelon, du gendarme Flageolet et de son compère Gnafron, devant la montée du Gourguillon, une rue du Vieux-Lyon dans le quartier Saint-Georges. Le personnage de Gnafron, grand amateur de beaujolais, fut créé avant Guignol, à l'effigie d'un compère de Mourguet. Moins bien implanté à Paris, il a toujours fait partie de la troupe du théâtre Anatole.

▽ Le maître de musique, le Guignol lyonnais et son comparse parisien. Au théâtre Anatole, Guignol a conservé son allure d'origine : habit marron à boutons dorés, tricorne raplati vers l'arrière dont s'échappe le « salsifis », la tresse enrubannée qui coiffait les canuts. C'est un joyeux personnage, incarnant à la fois l'insolence, l'insoumission et la joie de vivre. Le modèle qui se développe à Paris au cours du XIXe siècle offre un visage plus sérieux, et troque la tenue de canut contre une redingote verte. Son chapeau est raplati vers l'avant.

Les cols rouges de l'hôtel Drouot

Lorsqu'un commissionnaire quitte son emploi, il lui faut trouver son remplaçant – et celui-ci devra obligatoirement être savoyard.

Créée depuis plus d'un siècle, l'Union des commissionnaires de l'hôtel des ventes est l'une des rares corporations qui subsistent encore en France. Elle regroupe les 110 Savoyards indispensables à la bonne marche des ventes de l'hôtel Drouot : ils assurent la manutention de chaque objet, depuis son enlèvement sur ordre d'un commissaire-priseur jusqu'à sa remise à l'acheteur, en passant par la surveillance de l'exposition avant la vente, la présentation du lot au public durant celle-ci – dite « la mise sur table » – et, éventuellement, le retour des objets dédaignés chez le vendeur. Le familier des lieux les reconnaît à leur veste, le fameux bourgeron à liseré rouge et bouton doré, auquel ils doivent leur surnom de cols rouges. Sur ce col est brodé au fil d'or le numéro qui, de 1 à 110, protège leur identité.

◁ Une brigade de commissionnaires dans l'une des fameuses salles rouges de l'hôtel Drouot : autour de Daniel n° 100, Cyprien n° 92, Julien n° 70, Simon n° 67, Fabrice n° 34, Christophe n° 76, Olivier n° 107, Michael n° 108, et Patrice n° 3, tous savoyards.

△ Autrefois, les commissionnaires savoyards utilisaient des carrioles à chevaux qu'on appelait « tapissières », car l'intérieur était entièrement tapissé pour protéger les meubles. Puis, des voitures à chevaux, ils sont passés aux bahuts à essence. Mais le costume n'a pas changé : blouses qui protègent les bourgerons, et longs bonnets portés lors des déménagements, sur lesquels ils appuyaient les meubles ou les paniers en osier, et qui protègent la tête et la nuque.

La légende est tenace selon laquelle Napoléon III octroya à ces Savoyards le privilège exclusif d'exercer l'activité de commissionnaire dans son nouvel hôtel des ventes, inauguré en mai 1852. Tout autre est la réalité. Avant même le rattachement de la Savoie à la France, par le traité de Turin, signé le 24 mars 1860, les hivers trop rudes ont contraint ces montagnards à quitter leur pays pour trouver ailleurs un moyen de subsister. Nombreux sont ceux qui émigrent vers Paris. Une fois arrivés, au terme d'un long et pénible voyage à pied, ils ne sont rebutés par aucun des métiers les plus difficiles – décrotteur, frotteur de parquet, ramoneur… Celui de commissionnaire n'est pas précisément de tout repos. Il concentre principalement les efforts d'Auvergnats et de Savoyards, aussi solides et durs à la tâche les uns que les autres. Au grand dam de certains Parisiens, qui, avant l'annexion du duché de Savoie, se révoltent contre le recours à cette main-d'œuvre étrangère : « Les pièces de 5 francs qui entrent dans leur gousset n'en sortent plus ; l'année dernière, un de ces commissionnaires savoyard meurt rue Grange-Batelière ; il était possesseur d'une somme de 52 000 francs. Un autre il y a quelques semaines est mort sur 34 000 francs en or ; j'en citerai qui portent les crochets qui en possèdent encore davantage. En Savoie, ils appellent la France leur Californie. » Toutefois, n'en déplaise au pétitionnaire acharné auteur de cette diatribe, ce métier extrêmement dur ne paraît pas à tous d'un si bon rapport. Aussi, petit à petit, les natifs du Massif central le délaissent, pour se consacrer aux activités de bougnat ou de limonadier qui se révéleront plus lucratives – mais ceci est une autre histoire… Une fois parti le dernier commissionnaire auvergnat, en 1914, tous les cols rouges seront désormais savoyards.

Dès lors, il s'agit bel et bien d'un monopole, puisque l'on n'entre dans la place que par cooptation… le plus souvent familiale ou villageoise. Lorsqu'un commissionnaire quitte son emploi, il lui faut trouver son remplaçant – et celui-ci devra obligatoirement être savoyard. Entre le début du xxe siècle et les années 1960, les places sont

△ Groupe de commissionnaires devant l'hôtel des ventes, dans les années 1940.

◁ Travaux de manutention dans l'hôtel Drouot vers 1974, peu avant sa démolition : en 1976, l'ancien hôtel ferme pour être entièrement reconstruit. En attendant sa réouverture, quatre ans plus tard, au même endroit, les commissaires-priseurs installent leurs salles des ventes dans l'ancienne gare d'Orsay.

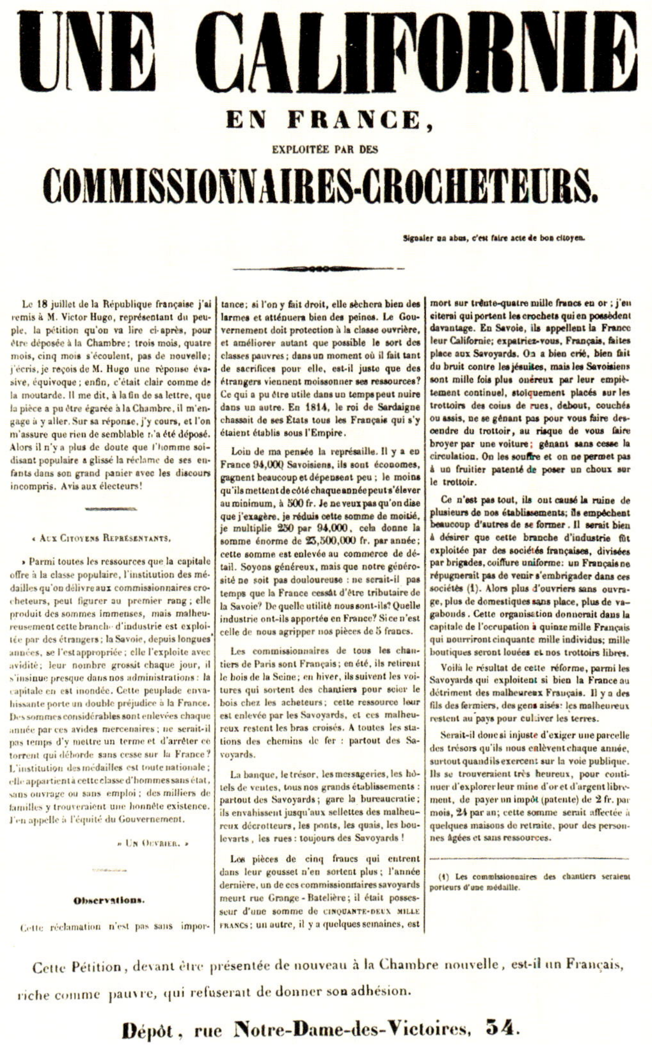

UNE CALIFORNIE
EN FRANCE,
EXPLOITÉE PAR DES
COMMISSIONNAIRES-CROCHETEURS.

Signaler un abus, c'est faire acte de bon citoyen.

Le 18 juillet de la République française j'ai remis à M. Victor Hugo, représentant du peuple, la pétition qu'on va lire ci-après, pour être déposée à la Chambre ; trois mois, quatre mois, cinq mois s'écoulent, pas de nouvelle ; j'écris, je reçois de M. Hugo une réponse évasive, équivoque ; enfin, c'était clair comme de la moutarde. Il me dit, à la fin de sa lettre, que la pièce a pu être égarée à la Chambre, il m'engage à y aller. Sur sa réponse, j'y cours, et l'on m'assure que rien de semblable n'a été déposé. Alors il n'y a plus de doute que l'homme soi-disant populaire a glissé la réclame de ses enfants dans son grand panier avec les discours incompris. Avis aux électeurs !

« Aux Citoyens Représentants,

» Parmi toutes les ressources que la capitale offre à la classe populaire, l'institution des médailles qu'on délivre aux commissionnaires crocheteurs, peut figurer au premier rang ; elle produit des sommes immenses, mais malheureusement cette branche d'industrie est exploitée par des étrangers ; la Savoie, depuis longues années, se l'est appropriée ; elle l'exploite avec avidité ; leur nombre grossit chaque jour, il s'insinue presque dans nos administrations : la capitale en est inondée. Cette peuplade envahissante porte un double préjudice à la France. Des sommes considérables sont enlevées chaque année par ces avides mercenaires ; ne serait-il pas temps d'y mettre un terme et d'arrêter ce torrent qui déborde sans cesse sur la France ? L'institution des médailles est toute nationale ; elle appartient à cette classe d'hommes sans état, sans ouvrage ou sans emploi ; des milliers de familles y trouveraient une honnête existence. J'en appelle à l'équité du Gouvernement.

» Un Ouvrier. »

Observations.

Cette réclamation n'est pas sans importance ; si l'on y fait droit, elle sèchera bien des larmes et atténuera bien des peines. Le Gouvernement doit protection à la classe ouvrière, et améliorer autant que possible le sort des classes pauvres ; dans un moment où il fait tant de sacrifices pour elle, est-il juste que des étrangers viennent moissonner ses ressources ? Ce qui a pu être utile dans un temps peut nuire dans un autre. En 1814, le roi de Sardaigne chassait de ses États tous les Français qui s'y étaient établis sous l'Empire.

Loin de ma pensée la représaille. Il y a en France 94,000 Savoisiens, ils sont économes, gagnent beaucoup et dépensent peu ; le moins qu'ils mettent de côté chaque année peut s'élever au minimum, à 500 fr. Je ne veux pas qu'on dise que j'exagère, je réduis cette somme de moitié, je multiplie 250 par 94,000, cela donne la somme énorme de 23,500,000 fr. par année ; cette somme est enlevée au commerce de détail. Soyons généreux, mais que notre générosité ne soit pas douloureuse : ne serait-il pas temps que la France cessât d'être tributaire de la Savoie ? De quelle utilité nous sont-ils ? Quelle industrie ont-ils apportée en France ? Si ce n'est celle de nous agripper nos pièces de 5 francs.

Les commissionnaires de tous les chantiers de Paris sont Français ; en été, ils retirent le bois de la Seine ; en hiver, ils suivent les voitures qui sortent des chantiers pour scier le bois chez les acheteurs ; cette ressource leur est enlevée par les Savoyards, et ces malheureux restent les bras croisés. A toutes les stations des chemins de fer : partout des Savoyards.

La banque, le trésor, les messageries, les hôtels de ventes, tous nos grands établissements : partout des Savoyards ; gare la bureaucratie ; ils envahissent jusqu'aux sellettes des malheureux décrotteurs, les ponts, les quais, les boulevarts, les rues : toujours des Savoyards !

Les pièces de cinq francs qui entrent dans leur gousset n'en sortent plus ; l'année dernière, un de ces commissionnaires savoyards meurt rue Grange-Batelière ; il était possesseur d'une somme de CINQUANTE-DEUX MILLE FRANCS ; un autre, il y a quelques semaines, est mort sur trente-quatre mille francs en or ; j'en citerai qui portent les crochets qui en possèdent davantage. En Savoie, ils appellent la France leur Californie ; expatriez-vous, Français, faites place aux Savoyards. On a bien crié, bien fait du bruit contre les jésuites, mais les Savoisiens sont mille fois plus onéreux par leur empiètement continuel, stoïquement placés sur les trottoirs des coins de rues, debout, couchés ou assis, ne se gênant pas pour vous faire descendre du trottoir, au risque de vous faire broyer par une voiture ; gênant sans cesse la circulation. On les souffre et on ne permet pas à un fruitier patenté de poser un choux sur le trottoir.

Ce n'est pas tout, ils ont causé la ruine de plusieurs de nos établissements ; ils empêchent beaucoup d'autres de se former. Il serait bien à désirer que cette branche d'industrie fût exploitée par des sociétés françaises, divisées par brigades, coiffure uniforme : un Français ne répugnerait pas de venir s'embrigader dans ces sociétés (1). Alors plus d'ouvriers sans ouvrage, plus de domestiques sans place, plus de vagabonds. Cette organisation donnerait dans la capitale de l'occupation à quinze mille Français qui nourriront cinquante mille individus ; mille boutiques seront louées et nos trottoirs libres.

Voilà le résultat de cette réforme, parmi les Savoyards qui exploitent si bien la France au détriment des malheureux Français. Il y a des fils des fermiers, des gens aisés : les malheureux restent au pays pour cultiver les terres.

Serait-il donc si injuste d'exiger une parcelle des trésors qu'ils nous enlèvent chaque année, surtout quand ils exercent sur la voie publique. Ils se trouveraient très heureux, pour continuer d'explorer leur mine d'or et d'argent librement, de payer un impôt (patente) de 2 fr. par mois, 24 par an ; cette somme serait affectée à quelques maisons de retraite, pour des personnes âgées et sans ressources.

(1) Les commissionnaires des chantiers seraient porteurs d'une médaille.

Cette Pétition, devant être présentée de nouveau à la Chambre nouvelle, est-il un Français, riche comme pauvre, qui refuserait de donner son adhésion.

Dépôt, rue Notre-Dame-des-Victoires, 54.

△ Virulente pétition contre les immigrés savoyards, déjà nombreux à Paris avant l'annexion de leur duché par le traité de 1860… « Cette peuplade envahissante porte un double préjudice à la France. Des sommes considérables sont enlevées chaque année par ces mercenaires avides. Ne serait-il pas temps d'arrêter ce torrent qui déborde sur la France ? »

rares et chères. Mieux vaut alors connaître un commissionnaire prêt à vous parrainer. Seuls sont admis à postuler les Savoyards de pure souche, qui sont nés et ont grandi dans la montagne. Puis la corporation s'ouvre aux candidats venus de Haute-Savoie. Elle accueille même désormais ceux qui ne peuvent se prévaloir que d'origines savoyardes – un père ou une mère nés au pays sont tout de même nécessaires, mais suffisants… Bien entendu, la charge doit être achetée. Autrefois, le nouveau venu devait se débrouiller, en empruntant auprès d'anciens commissionnaires qu'il remboursait petit à petit avec les intérêts. Désormais, les banques prêtent presque la totalité du montant nécessaire.

Organisée depuis l'annexion, la corporation fonctionne suivant un mode démocratique exemplaire. Ses membres élisent pour deux ans leur brigadier en chef, qui gère la comptabilité – aidé d'une employée –, le brigadier en deuxième, qui organise les emplois du temps, et le brigadier en troisième, responsable des chauffeurs. Tous les quatre ans, chaque commissionnaire devient chauffeur pour une année. Le reste du temps, chacun change de tâche par roulement – tour à tour déménageur, manutentionnaire, magasinier, livreur… Et suivant une tradition ancienne, c'est toujours au zanzi – sorte de 421 – que les trois commissionnaires chargés d'une vente ordinaire jouent leurs rôles : le perdant surveillera l'exposition précédant la vente.

Rouage indispensable à cette vaste mécanique que constituent l'hôtel Drouot et ses annexes, dont elle est toutefois absolument indépendante, la Corporation des cols rouges s'est dotée d'une écurie d'une vingtaine de camions et de tout le matériel nécessaire aux déménagements qui représentent une bonne part de l'activité des commissionnaires : caisses, cartons, couvertures, sangles, échelles… Autre pièce maîtresse de cette organisation, le garde-meuble acheté à Bagnolet, ancien cinéma en faillite reconverti pour l'occasion en un immense hangar de 6 000 m^2. Système corporatif oblige, les 110 signatures étaient nécessaires pour cette acquisition. Le matin de l'achat, tous les commissionnaires se présentèrent devant les notaires, à l'exception d'un ancien, qui refusait de signer. Mais l'absent fut ramené manu militari par ses deux frères, commissionnaires eux aussi, et l'opération fut finalement menée à bien !

Autrefois, le postulant au titre de col rouge était pris à l'essai quelques mois. S'il faisait l'affaire, il pouvait acquérir sa charge. Maintenant, après une période de probation de trois mois, tout aspirant commissionnaire doit être « voté » par les anciens, à la majorité, avant de pouvoir endosser son bourgeron. Une garantie supplémentaire pour protéger la bonne marche de cette corporation où l'entente, la confiance, le travail et la solidarité ne sauraient être de vains mots ? Malheureusement, il semble que le recrutement soit désormais plus difficile qu'autrefois : aujourd'hui, une dizaine de numéros vacants attendent la relève, tristement désœuvrés. Avis aux jeunes Savoyards désireux de défendre le bastion de leur patrie en plein cœur de Paris !

△ Des commissionnaires posent avec des vendeurs et des commissaires-priseurs pendant la guerre de 1914. Certains portent leur bourgeron à col rouge, d'autres une blouse de travail et le bonnet complétant leur panoplie de manutentionnaire. La casquette coiffant les autres, par ailleurs en uniforme, indique qu'ils surveillent une salle ce jour-là. Quant au terme « racoleur », il désigne les petits manutentionnaires disponibles pour aider les acheteurs à transporter leur marchandise.

◁ Carnet tenu par le n° 100 lors de sa première année d'activité, outil indispensable pour noter les adresses des appartements à vider, et les sommes perçues pour chaque tâche. Celles-ci étaient ensuite mises en commun et réparties équitablement entre tous les commissionnaires.

Numéro 100,

Daniel Jiguet, un montagnard à Paris

« Pour devenir commissionnaire, il suffisait d'être en bonne santé, d'avoir moins de trente ans, le permis poids lourds, un casier judiciaire vierge… et d'être savoyard. »

« Quand je suis monté à Paris, j'avais vingt ans, et ma mère, qui était aux champs, a pleuré : elle ne voulait pas que je parte. Pourtant, dans la famille, je n'étais pas le premier. Au village, il y en a toujours eu, des commissionnaires. Mon oncle a travaillé à Drouot. C'était le premier de notre famille. Il n'y était plus quand j'ai commencé. Moi je suis arrivé là grâce à un gars de Passy qui était à Drouot. Dans les années 1970, ça n'était plus si compliqué de devenir commissionnaire : il suffisait d'être en bonne santé, d'avoir moins de trente ans, le permis poids lourds, un casier judiciaire vierge… et d'être savoyard, bien sûr. Après les trois mois d'essai, si on était un peu dégourdi, on achetait la charge de celui qu'on allait remplacer, en empruntant la somme à des anciens qu'on remboursait sur plusieurs années. Moi, j'ai fait affaire avec le numéro 100, donc je suis devenu numéro 100.

J'ai débuté le lundi 2 février 1976. Je ne connaissais personne ici, à part les gars avec qui je travaillais. Me voilà donc à Paris, hébergé par des collègues, le temps de trouver une chambre de bonne rue des Martyrs. C'était pas grand : 5 m^2, avec les toilettes à la turque sur le palier. Septième étage, pas d'ascenseur et pas d'eau chaude… J'allais me laver dans les douches municipales.

Paris m'a déçu, j'imaginais ça plus beau… J'ai eu du mal à m'adapter. Où étaient passées mes montagnes ? Et le soleil ? Le dimanche, je grimpais à Montmartre. Ça me faisait du bien – le fait de me trouver en hauteur, j'imagine ! Mais j'avais un sacré cafard. Et puis, le travail était tellement dur. On commençait à 6 h 30 le matin, six jours sur sept, pour finir tard dans la nuit. On se retrouvait à vider des appartements où l'électricité était coupée, sans ascenseur. Je me suis accroché, qu'est-ce qu'ils auraient pensé de moi au pays s'ils m'avaient vu revenir ! Avec mes collègues, on se retrouvait le soir pour dîner chez un compatriote qui tenait un petit restaurant rue Rodier.

Mon frère m'a rejoint, il est resté quelques années, puis il est reparti. J'ai fait entrer des cousins et d'autres gars du village. À présent, on est plus d'une trentaine originaires de Passy. Le fils de ma sœur est arrivé il y a deux ans. Un jour, j'étais en Haute-Savoie, en train de bricoler ma tondeuse. Il vient me voir : “Ça gagne toujours à Drouot ?” Moi : “Oui, ça va.” Lui : “Je voudrais rentrer commissionnaire.” Son père était un collègue autrefois, ma sœur l'a rencontré en venant me voir à Paris. Cyprien, le neveu, il a fait rentrer quatre copains à lui. Ils ont passé leur jeunesse ensemble, et aujourd'hui, ils sont encore inséparables. Le métier leur plaît bien. Mais certains numéros ne restent pas. Il y a ceux qui ont pris le virus et qui deviennent antiquaires. Et d'autres qui ont le mal du pays et repartent. Cette année, ça fera trente-trois ans que je travaille à Drouot, et désormais, je suis l'un des plus anciens. Ce qui a changé dans le métier ? Avant, quand on vidait un appartement, il y avait le piano et le coffre-fort. Maintenant, on trouve presque plus de pianos. Et les coffres-forts, il n'y en a plus du tout. »

△ Bourgeron du n° 100 : la veste à liseré rouge avec le numéro brodé au fil d'or, et les boutons dorés sur lesquels on peut lire : « Service des commissaires-priseurs de Paris ».

◁ « Drouot, c'est une affaire de famille ! » Aux côtés de Daniel et Nathalie, leurs enfants Maximilien et Anaïs, leur neveu Cyprien – col rouge n° 92 –, leurs cousins Catherine et Fabrice – col rouge n° 34 –, avec leurs enfants, Loris, Emie-Rose et Mathis. « J'y ai rencontré ma femme, Nathalie, j'ai fait rentrer un de mes frères, puis mon neveu. Mon fils deviendra peut-être commissionnaire un jour, qui sait ? »

DROU
DROUANT
HU

Nous, les gars de La Chambre, écaillers savoyards

« Les Savoyards sont venus à Paris travailler pendant l'hiver, trois ou quatre mois. Et avec les huîtres, ils ont pu rester plus longtemps : toute la saison des coquillages, les mois en R comme on disait. »

Bernard Gonthier, président des écaillers de Paris et d'Île-de-France.

« Les écaillers savoyards, ça remonte à l'époque où Drouant a ouvert son banc d'huîtres, en 1920. À l'époque, les gars de Savoie étaient souvent porteurs de farine pour les grands moulins de Paris, ou porteurs d'eau… Mais beaucoup d'entre eux étaient aussi chauffeurs de fiacre. Voilà qu'un soir, alors qu'un de ces chauffeurs lui dépose des clients, Drouant lui demande s'il ne préférerait pas plutôt venir travailler pour lui, à ouvrir ses huîtres ! Le chauffeur, c'était un gars de Montaimont. Il a refilé le tuyau à des compatriotes qui cherchaient du boulot. De fil en aiguille, les copains, les frères, les cousins, les fils, enfin, plein de gars de la vallée de la Maurienne se sont retrouvés à ouvrir des huîtres à Paris. »

◁ Quand Charles Drouant, installé place Gaillon à Paris, propose à ses clients des huîtres ouvertes, prêtes à être dégustées, le succès le conduit à embaucher des écaillers – savoyards – pour satisfaire une demande grandissante.

△ Livraison en triporteur. En 1890, Alfred Prunier propose la dégustation et la vente d'huîtres plates, avec livraison à domicile. Quinze ans plus tard, son fils Émile développe cette activité et imagine de doter ses livreurs de bicyclettes. Conséquence immédiate de cette innovation : l'activité des écaillers s'accroît dans la capitale.

▷ Aux Halles, chez Vattier en 1955, Jean-Marcel Cecille et un collègue, deux gars de Montaimont. « À Paris, on était tous des gars de Montaimont, de Montvernier, de Montpascal ou de Montgellafrey, les quatre communes d'origine des écaillers parisiens. »

« Je viens de Savoie, de Montaimont, une commune du canton de La Chambre, dans la vallée de la Maurienne. Un des villages d'où sont originaires les écaillers de Paris. C'était une sacrée aubaine pour tous ces Savoyards : chez nous, l'hiver est rude, et on ne peut pas travailler la terre. Mais il fallait nourrir les bouches de ces familles nombreuses. Donc, les Savoyards sont venus à Paris travailler pendant l'hiver, trois ou quatre mois. Et avec les huîtres, ils ont pu rester plus longtemps : toute la saison des coquillages, les mois en R comme on disait.

Moi, au départ, je suis venu à Paris pour être apprenti boucher. Ma mère était veuve, avec deux garçons. Elle ne pouvait payer des études qu'à l'un, et je me suis dit que mon frère serait plus doué que moi. J'étais l'aîné. À quatorze ans, je suis descendu à Paris... Ou plutôt, à Levallois-Perret – c'était le fief de mon canton, avec la rue de Meaux. Les Savoyards de La Chambre vivaient là, ils louaient des chambres à plusieurs dans les hôtels. Mais quand j'ai vu le patron boucher pour lequel je devais travailler, ça m'a fait un choc : il mesurait au moins 2 m. Et quand il m'a salué, ma petite main a disparu tout entière dans la sienne. J'ai pensé que je pourrais pas travailler pour lui. Mais je ne pouvais pas repartir chez moi comme ça, il fallait que je trouve quelque chose. Alors, un autre Savoyard a proposé de m'embaucher. C'était le patron d'un banc d'écailler. C'est comme ça que j'ai débuté, à L'Alsace aux Halles, en 1961.

Là, c'était pas les trente-cinq heures. On pouvait travailler seize, dix-huit ou vingt heures d'affilée... On commençait à 7 heures du matin, mais on ne savait jamais à quelle heure on allait terminer. Ça dépendait. Quant aux jours de congé, il n'y en avait pratiquement pas. On n'y pensait même pas.

Quand j'ai débarqué à Paris, j'étais complètement perdu : la ville la plus importante que j'avais vue jusqu'alors, c'était Saint-Jean-de-Maurienne, on y allait à pied, et dans les années 1960, ça n'était pas très développé. Alors vous imaginez, mon arrivée gare de Lyon... Cette ville était tellement grande !

chez Robert Vattier
Oursins
Speciales

△ « En gros, j'ai jamais quitté mon pays, même dans la capitale ! On travaillait ensemble, et quand on retournait à Montaimont, on se retrouvait. Toute une vie à se côtoyer, comme autrefois, quand les gens ne bougeaient pas de leur village. »

Heureusement, j'étais tout le temps avec des Savoyards. Paris, il m'a quand même fallu plusieurs mois pour m'y faire. En revanche, le travail, ça ne me faisait pas peur.

Dès le départ, j'ai été passionné par mon métier. Il y a des écaillers savoyards qui n'ont jamais vu la mer, et même jamais mangé une huître. Leur vie, c'était ouvrir les coquillages, et ils le faisaient super bien – mais pas les manger ! Moi, l'ostréiculture, la conchyliculture, ça m'a toujours intéressé. Sans doute une chose qui m'a fait progresser dans mon boulot. J'ai travaillé à L'Alsace aux Halles, puis place Clichy. Et je suis devenu patron. J'avais deux établissements, deux bancs d'écaillers : un près de l'École militaire, à La Terrasse, et l'autre dans le 16ᵉ arrondissement, à Passy. Donc tous les matins, j'allais faire mes achats à Rungis.

Fallait y arriver vers 1 heure du matin. Et ça, durant les huit mois de la saison, tous les jours sans interruption. J'en ai vu des choses avec ce travail. Vous savez, quand on reste trente ans derrière son banc, comme moi au Congrès de la porte Maillot, on connaît pratiquement tous les gens qui passent sur le trottoir, et parfois plusieurs générations, des grands-parents aux petits-enfants… C'est un métier qui nécessite un bon sens du contact. Alors quand on retournait au pays, on trouvait que les gens étaient drôlement froids – dans le canton de La Chambre, ils ne sont pas chaleureux, ça n'est pas comme en Haute-Savoie. Mais la vie à Paris, nous, ça nous a ouverts. Et puis l'écailler, c'est un peu le concierge de la rue : quand il y avait un accident, un accrochage ou une altercation, les gens venaient nous voir : "Hé ! Qu'est-ce qui se passe ?" En général, on n'en savait pas plus qu'eux, parce que tout de même, on était censés travailler, et on ne voyait pas ce qui se passait dans notre dos… Mais les gens venaient toujours nous demander, comme si on savait tout. »

△ ET △△ **Six fois champion du monde des écaillers, Bernard Gonthier a dessiné lui-même ce couteau. Le champion, c'est celui qui ouvre les huîtres plates le mieux et le plus rapidement possible. La spécificité des plates est qu'elles sont décollées des deux côtés. « Nos couteaux coupent super bien. On s'est tous blessés plein de fois. Personnellement, je n'ai jamais utilisé de gants. »**

hons Sacs à Pain
Tapenade Verte
Anchoïade

De Blaise à Véronique, L'Artisan provençal

« L'armateur le suivit des yeux en souriant, jusqu'au bord, le vit sauter sur les dalles du quai, et se perdre aussitôt au milieu de la foule bariolée qui, de cinq heures du matin à neuf heures du soir, encombre cette fameuse rue de la Canebière, dont les Phocéens modernes sont si fiers, qu'ils disent avec le plus grand sérieux du monde, et avec cet accent qui donne tant de caractère à ce qu'ils disent : "Si Paris avait la Canebière, Paris serait un petit Marseille." »

Alexandre Dumas, le Comte de Monte-Cristo, *1844.*

Paris n'a pas sa Canebière. Mais Paris possède son petit Marseille : L'Artisan provençal. À peine a-t-on franchi le seuil de la boutique que les effluves odorants d'anis, de fleur d'oranger, de pignons, de fenouil et d'épices nous assaillent. Et l'on est transporté au temps jadis, chez Blaise Pétrini, le pâtissier biscuitier de la Grand-Rue phocéenne, arrière-grand-père de Véronique, laquelle perpétue aujourd'hui sa mémoire à l'usage des gourmands nostalgiques et parisiens.

◁ Quatre générations de Provençales : Monique, Véronique, Sophie et Pauline. « Je suis revenue à Paris pour retrouver ma maman et mes frères, sourit Véronique. J'avais fait le caprice de retourner à Marseille, mais j'avais besoin de mon clan. Quand j'ai annoncé à maman que je remontais à Paris, elle est venue me chercher tellement elle avait peur que je change d'avis. »

▷ Sophie enfant, en costume folklorique provençal.

▷▷ « Voici la boutique de mes arrière-grands-parents maternels au 69 de la Grand-Rue à Marseille, en 1914, indique Véronique. Blaise et Dominique, sa femme, posent devant la vitrine. Au milieu, en blouse, avec une barrette dans les cheveux, c'est mon grand-père, Colomb. Blaise était *galétaïre*, autrement dit biscuitier. Mais les chocolats, il les faisait venir de Suisse. Aujourd'hui, je les cuisine moi-même. »

Pourtant, la première rencontre entre Véronique et Paris, en 1975, s'était soldée par un échec. La demoiselle avait alors quinze ans. Elle débarquait avec sa mère, Monique, et ses frères dans cette ville énorme, froide et bizarre. Avec son accent chantant qui séduirait les plus endurcis, elle se rappelle : « Pour moi, quitter Marseille c'était un déchirement. Tous mes copains étaient là-bas et, la première fois que je me suis retrouvée à Paris, j'ai eu le sentiment d'arriver chez les sauvages ! Moi qui n'étais jamais sortie de Marseille, ou juste pour aller à Bandol – parce que mon papa, il est de Bandol – me voilà projetée dans un lycée parisien en plein milieu d'année… On m'a dit d'aller m'asseoir à côté d'une fille qui s'appelait Gwenaëlle. Dans ma tête, je me suis dit : "D'où qu'elle vient celle-là, pour s'appeler comme ça ?" Je pensais qu'elle arrivait d'un pays lointain. À Marseille, les Bretons, on n'en connaissait pas ! Évidemment, tout le monde se moquait de mon accent. Les copines, elles me disaient : Comment tu dis : "une rôse" ? Alors moi je disais : "Une rose" ! Tout le monde éclatait de rire, et je comprenais pas pourquoi. »

CHOCOLAT SECHAUD
MONTREUX (SUISSE)
PATISSERIE BISCUITERIE

△ et △▷ « Ma machine à calissons est dans la famille depuis cinq générations : c'est celle de l'arrière-grand-père, Blaise Pétrini. Je cuisine des calissons toute l'année. J'y passe au minimum deux après-midis par semaine pour fournir le magasin, parce que je ne fais que de petites productions. »

Quatre ans plus tard, Véronique regagne sa ville chérie, où l'accueille sa grand-mère. Elle est loin de se douter qu'elle reviendra bientôt de son propre chef conquérir la capitale, armée de l'antique machine à calissons de Blaise Pétrini.

« Mon arrière-grand-père maternel, il fabriquait des biscuits et des calissons qu'il vendait dans sa boutique, à Marseille. Après lui, son fils Colomb a continué, et y a travaillé jusqu'au bout. Maman n'a pas suivi cette voie. Mais quand je suis remontée à Paris sur un coup de tête, j'ai décidé de reprendre l'activité provençale familiale. La cuisine, c'est de famille ! Ma grand-mère était un cordon-bleu hors pair, ma mère aussi… Moi j'ai grandi dans les jupes de ces cuisinières, à tremper les doigts dans la confiture, et à me faire donner des coups de cuillère en bois quand je les trempais là où il ne fallait pas ! J'ai toujours vécu dans les bonnes odeurs, dans les arômes provençaux. J'ai su cuisiner très tôt, et j'ai toujours adoré ça.

▷ « La pompe à huile d'olive familiale : l'huile est entreposée dans la jarre, en dessous, et en tournant la manivelle, on la fait remonter. Désormais, mes clients viennent avec leur bouteille, et je la remplis. Mes grands-parents paternels étaient paysans près de Bandol, et le moulin d'où vient mon huile utilise en partie les olives de mon grand-père. Donc, dans l'huile que je vends, il y a un peu de la terre de mes ancêtres… »

Quand maman a su que j'allais reprendre l'activité de pépé, elle a levé les bras au ciel : "Tu crois pas que les gens attendent après toi pour manger des biscuits ! Et puis les biscuits de pépé, tu sais…" J'ai souri : "Mais les biscuits de pépé, maman, ils étaient bons…" »

Véronique débute en 1991, modestement. Elle suit avec scrupule les recettes de Blaise, prépare ses biscuits à la maison, fabrique ses étiquettes, puis laisse quelques sachets en dépôt dans des épiceries fines parisiennes. « Je devais repasser deux semaines plus tard, mais après huit jours, ils me téléphonaient tous : "Venez vite, on n'a plus de biscuits et on nous en réclame !" Alors, Véronique monte une entreprise de gros. À Montrouge, son atelier donnant sur la rue, les gens entrent, et elle commence un peu de vente au détail… pour finalement se transformer en magasin. Afin de conserver le caractère artisanal de sa production, elle cesse de fournir les épiceries parisiennes. Puis, de fil en aiguille, l'atelier de Montrouge devient trop petit. « Alors, en 2004, j'ai envahi Paris ! »

« Ma boutique, j'ai voulu qu'on s'y retrouve comme en Provence. On peut y acheter du savon de Marseille, des tissus à façon, des santons, des daubières, des plats en bois d'olivier… Pour tout ce qui ne sort pas directement de mon atelier, je travaille toujours avec des petits artisans provençaux. » Pour ses clients, des Provençaux exilés, des amoureux de la Provence, des gens recherchant leurs racines perdues et les traditions qu'ils ne connaissent plus, Véronique se prend au jeu. Non contente de leur faire découvrir ses caganis ou ses navettes, elle réalise de petites brochures expliquant l'origine de ces biscuits, l'histoire des Noëls provençaux, et organise des concours de peinture de santons ou de la plus jolie crèche…

Souvent, elle retourne en Provence voir son père, qui vit dans les collines, du côté de Bandol, ou se réfugie dans le mas que Monique possède encore en Camargue, un ancien rendez-vous de chasse…

Et surtout, elle fréquente les milieux provençaux de Paris : « À Marseille, j'avais appris le provençal. À Paris, j'ai décidé de ne pas couper mes enfants de leurs racines. J'ai continué les cours de provençal, je me suis lancée dans le folklore avec la Coupo Santo. Toutes mes filles, Sophie, Delphine et Émilie, ont fait de même tour à tour. Malheureusement, chacune a son métier aujourd'hui, il ne s'en est pas trouvé une pour me suivre dans les biscuits à l'ancienne. J'espère réussir à dévoyer ma petite-fille Pauline ! Cette histoire de famille doit continuer. Pourvu que ça ne s'arrête pas avec moi. »

△ **Derrière cette devanture, au fond de sa boutique, Véronique a installé son atelier : « C'est ici que je fabrique mes biscuits. Le premier que j'ai cuisiné, c'est le caganis, le biscuit à l'anis. Après, les navettes et les cassedents. La navette, chez nous c'est le biscuit de la Chandeleur, quand les pêcheurs sortaient leur barque du port, et à dos d'homme, montaient les faire bénir à l'abbaye Saint-Victor. »**

Couteaux Ceccaldi, le renouveau de la tradition corse

Jean-Pierre Ceccaldi, le seul coutelier corse à avoir installé un atelier à Paris.

« Je suis originaire de Zoza, dans l'Alta-Rocca, un pays montagneux dans le sud de l'île, très typé, très fort. Comme celle de ma femme, toute ma famille est originaire de ce village. Dans les années 1970, je n'avais pas mon bac, mais il fallait que je gagne ma vie, alors je suis parti à Paris. C'est ce que tout le monde faisait alors. Franchement, en arrivant là-bas, je n'ai pas vraiment été dépaysé. Je me suis retrouvé à Pantin, rue Édouard-Vaillant. Cette rue, mon oncle y avait atterri vingt ans auparavant, en montant à Paris, et petit à petit, il avait fait venir plein d'amis… Alors en 1975, dans cette rue, c'était le village ! Il y avait la maison de ma future femme avec ses parents, un peu plus loin il y avait des cousins, puis la maison de mon meilleur pote. Et j'étais hébergé par un ami de mon père… Pour vous dire, Zoza, actuellement, il y a trente-cinq habitants. Eh bien là-bas, à l'époque, dans la même rue, il y avait vingt-cinq Zozais ! »

◁ Dans son atelier de la rue Racine, Simon, coutelier d'art, polit une lame en acier carbone. Avec son frère, il forme la seconde génération corse montée à Paris, comme leur père autrefois, Jean-Pierre Ceccaldi.

△ Coutelier forgeron, Jean-Pierre partage désormais son temps entre sa boutique parisienne et son atelier de Porticcio.

△▷ « Ma ligne de couteaux de cuisine et de table. Ergonomiques, résistants et, attention ! extrêmement aiguisés. »

▷ « Un couteau superbe créé par Simon. Sa ligne est très pure. Le manche a été taillé dans une poutre de genévrier qui nous a été donnée par un abbé corse. Le genévrier est un bois très solide que l'on trouve dans le sud de l'île. Il est idéal pour la coutellerie. »

▽▷« Ce poignard est la copie d'un stylet familial : on a trouvé dans ma famille et dans celle de Dany deux stylets semblables. »

« Des petits boulots, j'en ai fait à la pelle. Fin des années 1970, j'en ai eu marre de Paris, je me suis dit : je veux me casser. Alors avec ma femme, Dany – on venait de se marier –, on a tout plaqué et on est retournés au village. On était en pleine tendance baba cool… On a fait le grand saut comme ça, du jour au lendemain. Adieu Paris ! On s'est retrouvés dans le vieux bled familial, perdus dans les montagnes.

La maison, ça faisait belle lurette que personne n'y habitait. On l'a retapée. Et j'ai décidé de fabriquer des couteaux. Les couteaux, j'ai toujours aimé ça. Une passion depuis que je suis petit. Enfant déjà, j'aimais jouer à les lancer, mais tout m'intéressait en eux : leur poids, leur ligne, leur spécificité… Aujourd'hui, la Corse, c'est redevenu le pays du couteau. Mais quand j'ai débuté, le savoir-faire était en train de se perdre. Des couteliers, il n'y en avait presque plus. J'ai trouvé un artisan qui cherchait un stagiaire et j'ai commencé mon compagnonnage. Monsieur Santoni, il s'appelait. J'ai appris mon métier, j'ai progressé. Puis, on a ouvert une boutique à Porticcio. Dany a toujours travaillé avec moi. Elle fabriquait les couteaux de A à Z, comme moi, même si, maintenant, elle préfère concevoir des manches et travailler la marqueterie. Aujourd'hui, ça fait trente ans qu'on fabrique des couteaux, et je suis un peu à l'origine du renouveau de la tradition corse. À présent, dans l'île, il y en a des couteliers, et, croyez-moi, j'en ai formé un paquet. Mais celui dont je suis le plus fier, c'est Simon, mon fils.

Simon, comme son frère Sylvestre, il a traîné dans notre atelier depuis qu'il est tout gosse. Il me faisait des petits travaux de manipulation : rivetage, polissage… En fait, il apprenait en douce. Il était mordu par le virus lui aussi. Mais quand il m'a annoncé à seize ou dix-sept ans qu'il arrêtait les études pour devenir coutelier, je n'étais pas si content que ça. Aujourd'hui, je ne regrette pas. C'est lui qui réalise les pièces les plus haut de gamme, les commandes spéciales de collectionneurs. Et puis avec son frère Sylvestre, il a poussé au retour à Paris. Sylvestre participe à l'aventure familiale d'une autre façon : il a beaucoup aidé à monter les boutiques. Il est moins passionné par l'artisanat, mais il a le sens du commerce. J'ai eu du bol avec mes deux fils : ils sont tous les deux très complémentaires.

La décision de revenir s'installer à Paris, elle a été collective, évidemment. Dans la famille, on décide tout ensemble. Quand les garçons ont déniché ce local et qu'on est montés voir les lieux, on a eu le coup de cœur. Comme on avait une belle gamme à présenter, on n'a plus hésité. On a tout refait nous-même ici. Dany s'est occupée de la déco. Tout est fait maison. J'en suis assez fier, c'est beau, non ? Pour moi, cette fois, revenir dans la capitale, c'est très différent de la première fois. Dans les années 1970, j'étais un immigrant. Aujourd'hui, j'arrive en conquérant… (Jean-Pierre éclate de rire.) Mes fils détestent quand je dis ça.

Blague à part, je suis le seul coutelier corse à avoir installé un atelier à Paris. Les produits qu'on présente ici sont très différents de ceux que vous trouverez chez n'importe quel artisan de l'île.

Bien sûr, nous proposons les trois couteaux traditionnels. Le plus connu, c'est le couteau de berger, *u curnicciulu*. Il est courbe parce qu'il est pris dans la pointe de la corne de chèvre ou de bélier qui sert pour le manche. Cette forme vient du centre de la Corse, où l'on travaillait

beaucoup le bois, je pense donc qu'il s'agit vraiment d'un outil pour creuser, sculpter. Ensuite, évidemment, il y a le *vendetta*, qui colle bien à l'imaginaire mais ne lui correspond pas en réalité. Il a été créé en Corse au XIXe siècle, et copié partout… Il a été décliné en couteau pliant. Les couteliers du continent l'ont baptisé *vendetta* pour faire couleur locale. Ça lui donne un côté agressif, mais en fait, ça n'était pas un couteau agressif. Celui qui servait à s'entre-tuer, c'était le troisième : le stylet ! Celui-ci, il est inspiré du stylet génois. Et c'est une arme.
Mais notre spécificité, c'est une gamme enrichie d'autant de couteaux qu'il y a de clients. Outre nos couteaux pour couper la viande, ou nos couteaux de table qui commencent à séduire les grandes toques parisiennes, Simon réalise des couteaux de toutes sortes. Sa première création était un gigantesque couteau pour la chasse à l'ours. Celui-ci, personne ne l'a encore acheté ! Mais il ne cesse de créer de nouvelles formes. Cette entreprise, c'est vraiment une affaire de famille : notre but est de faire connaître notre savoir-faire dans la capitale. Comment dire ? La tradition corse ? Je suis en train de la recréer, et dans notre atelier, l'imaginaire finit par coller à la réalité. »

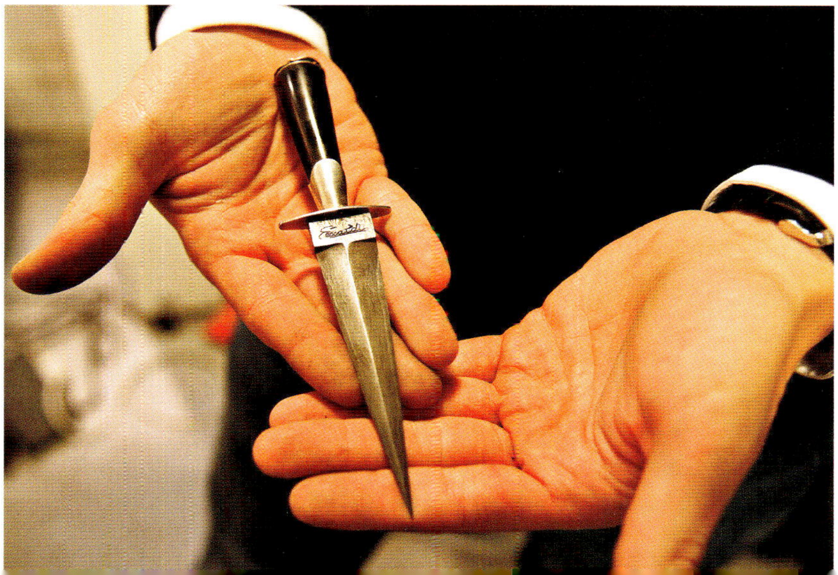

Vincent de Bernardi,

directeur du Syndicat de la presse quotidienne régionale

« Que vous dire des Corses à Paris ? L'entraide existe, mais elle n'est pas structurée. On se retrouve facilement : les noms que nous portons sont très identifiables ! »

« Comme mon père, je suis né à Paris. Une branche de notre famille exploite des vignes à Patrimonio. Mais notre berceau, c'est Ortiporio, un petit village de la Castagniccia, perdu dans la montagne, au milieu des châtaigniers… Ma passion pour ce pays, je la dois à mon grand-père, Paul. Né en 1892, il fut mobilisé en 1914, mais il avait la chance de parler le français : le drame de la Corse pendant la Première Guerre mondiale, et de l'hécatombe dont furent victimes les insulaires mobilisés, vient de ce qu'ils ne comprenaient pas les ordres. Blessé en 1916, Paul fut démobilisé à Paris, et il y resta toute sa vie. Mais quand j'étais gamin, il me parlait de son île, d'Ortiporio, et de Napoléon : c'était un bonapartiste convaincu ! Ma mère a également des origines corses. Pourtant, quand mes parents se sont mariés et qu'ils sont allés en Corse, dans la famille de Bernardi, ma mère était très choquée que les hommes ne lui adressent pas la parole – mais c'est ça, les familles traditionnelles.

Quand j'étais enfant, nous passions nos vacances en Corse. Et on y allait pour les enterrements. Chez nous, cette circonstance nécessite la présence de la famille. Il y a quelques années, l'une de mes cousines est morte. J'étais en Corse, et j'ai traversé toute l'île pour assister aux obsèques. On a passé tout l'après-midi ensemble, à parler politique, à refaire la Corse… Même si l'on n'est pas toujours d'accord, on partage beaucoup de choses dans ces moments-là.

Adolescent, je me suis intéressé à l'histoire de l'île, et j'ai consacré ma thèse à son statut de collectivité territoriale instauré en 1991. Devenu journaliste, j'ai failli accepter un premier emploi à Bastia, mais j'ai choisi Paris, peut-être pour mieux revenir un jour au pays. Je me suis marié en Corse, avec une Corse rencontrée à Lumio, un village situé entre Calvi et l'Île-Rousse, où l'on venait tous deux en vacances avec nos parents. Aujourd'hui, nous y retournons chaque été avec nos quatre enfants.

Que dire des Corses à Paris ? L'entraide existe, sans être structurée. Tout d'abord, on se retrouve facilement : les noms que nous portons sont très identifiables. Dans chaque communauté, un petit groupe de Corses va se former… Pour moi, ça a commencé dès l'université. Au Sénat, nous avions fondé notre association, et l'on se retrouvait pour manger du cabri ! Ça se fait naturellement. On connaît les mêmes gens, les mêmes lieux… Ainsi, pendant mon service militaire, on m'a envoyé au ministère des Affaires étrangères, parce que le gars chargé des affectations a vu mon nom dans la liste des appelés, et qu'il avait été en classe avec mon cousin à Bastia ! Je me suis donc retrouvé au Quai d'Orsay, où il y avait plein de Corses… Et puis, nous portons un intérêt commun à l'État. Dans le milieu politique, les Corses sont nombreux. On dit souvent : "Les Corses ont été colonisés par la France, mais après, ils ont colonisé l'État." C'est naturel : les Corses avaient besoin de courroies de transmission entre le continent et leur île. Aussi, beaucoup d'entre eux sont partis sur le continent travailler dans la fonction publique, pour servir les intérêts de leurs compatriotes… et de l'État ! »

« Quand je dirigeais le service d'information du gouvernement, Michel Comboul, le patron du groupe Nice Matin, alors président du Syndicat de la presse quotidienne régionale, m'a contacté à plusieurs reprises. J'ai fini par accepter le job qu'il me proposait. La première chose qu'il a faite quand je suis arrivé, c'est de m'abonner à *Corse Matin*, que je lis donc tous les jours. J'adore ! D'ailleurs, j'ai souvent fait la une… Je lis la une et la quatrième de couv'. Après, je vais direct à la page "Corse info", puis je m'intéresse à Bastia, Calvi, et l'Île-Rousse. »

Carnet d'adresses

Le Sud-Ouest à Paris

Ligue Île-de-France de pelote basque
8, quai Saint-Exupéry
75016 Paris
Tél. : 01 42 88 94 99
http://trinquetdeparis.free.fr

Au Trinquet
8, quai Saint-Exupéry
75016 Paris
Tél. : 01 40 50 09 25
http://www.autrinquet.com

Les Gascons de Paris
43, rue de Gergovie
75014 Paris
Tél. : 01 45 43 07 03
http://gasconsdeparis.free.fr

Amicale des Landais de Paris-Île-de-France
87, rue Championnet
75018 Paris
Tél. : 01 42 55 87 95
http://echassierslandais.free.fr

Le Nord-Ouest à Paris

Les Vendéens de Paris
2, rue Achille-Luchaire (Angle 114, bd Brune)
75014 Paris
Tél. : 01 30 21 11 99
http://www.vendeensparis.asso.fr

Les Bretons de Paris
Maison de la Bretagne
8, rue de l'Arrivée
75015 Paris
Tél. : 01 46 02 98 24
www.gwalarn.org

Mission bretonne
22, rue Delambre
75014 Paris
Tél. : 01 43 35 26 41
http://tav.trad.org

Coop Breizh
10, rue du Maine
75014 Paris
Tél. : 01 43 20 84 60
http://www.coop-breizh.fr

Tartan breton
12, rue du Maine
75014 Paris
Tél. : 01 40 47 74 05
http://www.tartanbreton.com

Ti Jos
Restaurant crêperie pub breton
30, rue Delambre
75014 Paris
Tél. : 01 43 22 57 69
http://www.restaurant-tijos.com

Château de Grosbois
Avenue du Maréchal-de-Lattre-de-Tassigny
94470 Boissy-Saint-Léger
Tél. : 01 49 77 15 24
Fax : 01 49 77 15 25

Le Nord et l'Est à Paris

Les Picards de Paris
20, rue Jean-Pierre-Timbaud
75011 Paris
Tél. : 01 47 00 14 19

Maison de l'Alsace
39, avenue des Champs-Élysées
75008 Paris
Tél. : 01 53 83 10 59
http://www.maison-alsace.com

Le Centre à Paris

Les Amis de la Creuse
4, Rousseau
23800 Saint-Sulpice-le-Dunois
Tél. : 05 55 80 64 05
amisdelacreuse@orange.fr

Les Creusois de Paris
25, avenue de la République
92340 Bourg-la-Reine
Tél. : 01 45 36 03 33

La Ligue auvergnate et du Massif central
87, rue La Boétie
75008 Paris
infor@ligue-auvergnate.com

Les Cabrettes et Cabrettaïres
Le Savenay
45, avenue Kléber
75116 Paris
Tél. : 01 47 04 92 20
http://cabrette.cabrettaire.free.fr

Le Réveil du Xe
35, rue du Château-d'Eau
75010 Paris
Tél. : 01 42 41 77 59

Bistrot Le Mélac
42, rue Léon-Frot
75011 Paris
Tél. : 01 43 70 59 27
http://www.melac.fr

Les Saboteux de Bourgogne
36, rue Hallé
75014 Paris
Tél. : 01 43 22 55 14

Amicale La Morvandelle
25, rue Saint-Maur
75011 Paris
Tél. : 01 47 00 53 15

Le Sud-Est à Paris

Le Théâtre Guignol Anatole
22, rue du Capitaine-Ferber
75020 Paris
Tél. : 06 22 70 62 17
http://www.guignolanatole.com

Hôtel des ventes Drouot
9, rue Drouot
75009 Paris
Tél. : 01 48 00 20 20
http://www.drouot.fr

Le Foyer savoyard de Paris
222, avenue Daumesnil
75012 Paris
Tél. : 01 43 46 55 65

L'Artisan provençal
8, rue Poirier-de-Narcay
75014 Paris
Tél. : 01 45 43 91 57

Amicale Coupo Santo de Paris
24, avenue Delattre-de-Tassigny
92360 Meudon-la-Forêt
Tél. : 01 46 30 06 88
http://couposantodeparis.googlepages.com

Coutellerie Ceccaldi
15, rue Racine
75006 Paris
Tél. : 01 46 33 87 20
http://www.couteaux-ceccaldi.com

Maison de la Corse à Paris
38, allée Vivaldi
75012 Paris
Tél. : 01 43 40 13 43

Bibliographie

Claude Bailhé et Alain Sacriste, *Paris au temps des marchands de coco*, éd. Milan, Toulouse, 1989.

Florence Brachet Champsaur, *Aux Galeries Lafayette, 1893-1919 : naissance d'un leader dans la distribution dans le secteur de la mode*, mémoire de DEA, éd. EHESS, Paris, 2005.

François Boucher, *Paris des origines à nos jours*, éd. Plon, Paris, 1950.

Pierre Casselle, *Paris républicain 1871-1914*, éd. Nouvelle Histoire de Paris, Paris, 2003.

Danièle Demachy-Dantin, *Histoire des maçons de la Creuse*, éd. Lucien Souny, Saint-Paul, 1998.

Pierre Duclos, « Les trente ans du Ti Jos », in *ArMen*, numéro 131, Douarnenez, novembre/décembre 2002.

Alfred Fierro, *Histoire et dictionnaire de Paris*, éd. Robert Laffont, Paris, 1996.

Jacques Hillairet, *Connaissance du vieux Paris*, éd. de Minuit, Paris, 1951-1954.

Fabrice Laroulandie, *les Ouvriers de Paris au XIXe siècle*, éd. Christian, Paris, 1997.

Louis-Sébastien Mercier, *Tableau de Paris* et *Le Nouveau Paris*, éd. Robert Laffont (nouvelle édition), Paris, 1990.

Roland Niaux, « Archéologie contemporaine du flottage du bois sur l'Yonne et ses affluents », in *Histoire et Archéologie – Morvan et Bourgogne*, 1999.

Christophe Prochasson, *Paris 1900 : essai d'histoire culturelle*, éd. Calmann-Lévy, Paris, 1999.

Carole Saturno, *Enfants d'ici, parents d'ailleurs*, éd. Gallimard jeunesse, Paris, 2005.

Jean-Guillaume Stemmelen, *les Provinciaux sous le Consulat et l'Empire*, mémoire de master 2, sous la direction de Jacques-Olivier Boudon, université Paris IV, 2007.

Didier Violain, *Bretons de Paris : des exilés en capitale*, éd. Parigramme, Paris, 1997.

Eugen Weber, *la France de nos aïeux*, éd. Fayard, Paris, 2005.

Collectif (sous la direction de François Caradec et Jean-Robert Masson), *Guide de Paris mystérieux*, éd. Sand, Paris, 1988.

« Passy dans l'émigration », in *Vatusium*, numéro 10, août 2007.

Petits métiers – Paris 1900, catalogue de l'exposition consacrée à Albert Monnier, Ville de Paris, 1982.

Remerciements

Ce livre n'aurait pu exister sans tous ceux qui ont chaleureusement accueilli notre projet, ont accepté avec générosité de partager leur histoire, et d'ouvrir pour nous leurs albums de famille.

Merci à

Rosendo Aduriz, Jean-Baptiste Arïztégui, Lucien Bonnat, Anne-Marie Hiriart Calzado, Pierre Aguerre, Jean-Pierre Goyheneche, Marc Etcheberrigaray, Hervé Etchegoin, Michel Goyenetche, Benjamin et Nicolas Lesant, Alain et Jacques Darracq, André Émile Dupoy, Didier Laduche, David Lesant, Jacqueline et Marcel Maschlin, Éric Sajous.
Jacqueline Bobot, Richard Duclos, Vincent Vuillaume, Fabrice Michel, Patrick Lecaudey, Jean-Simon Mahé, Thierry du Perray, Rolande, Yvon, Solen, Hoël Ollitrault, Morwena Ruiz, Nicolas et Thomas Ruiz, Morgane et Alice Auzanneau, Mireille et Jean-Pierre Viel, Vincent Viel.
Mme Bonnet, Florence Brachet Champsaur, Jean-Marie Huriez, Pierre de Panafieu, Christine Pinat, Fernand Pau, Gérard Alphonse Silvain, Marie-Geneviève Thenaut.
Pierre Blanc, Didier, Martine et Claire Brunet, Isabelle Cazals, Émilien Chassang, Virginie Fel, Évelyne Ferares, Yves Ferares, Daniel Lechain, George Lechapt, Jacques Mélac, Danielle Martin, Daniel Paulien, Régine Paulien, Camille Pinaud, Jean-Marie Sachet, Nicolas et Pierrette Souvaidjitch, Jean-Claude Tavernier, M. Trébuchon, Aurélie, Odette et Jean-Marie Vidalenc, Pierre Cure, l'association Cabrettes et Cabrettaïres.
Vincent de Bernardi, Daniel Bertrand, Monique Hayere, Véronique Briano, Sophie Briano et sa fille Pauline, Christophe Bibollet-Ruche, Jean-Pierre, Simon, Sylvestre et Marc Ceccaldi, Jean-Marcel Cecille, Patrice Changea, Bernard et Guy Gonthier, Philippe Grandrémy, Simon Guer, Daniel, Nathalie, Maximilien et Anaïs Jiguet, Catherine, Fabrice, Loris, Émie-Rose et Mathis Jiguet, Michel Leclere, Julien Petitjean, Cyprien Socquet, Michaël Veillard, Olivier Vidal, Pascal Pruvost, Bernard Willeme, Olivier.

Et merci à Jean-Jacques Brisebarre, qui fut à l'origine de cet ouvrage.

Crédit iconographique

Toutes les photographies de ce livre sont de Pierre Hybre ; les documents anciens ont été reproduits à partir des albums photographiques des différentes familles qui ont eu l'amabilité de nous ouvrir leurs archives, à l'exception des illustrations des pages 10-11, 14-15, 16b, 17, 20, 23, 25a, 32, 33a, 42, 44-45, 76-79 (coll. Archipel studio).